Riekes Rezeptideen

Über das Buch

Gutes, frisch zubereitetes Essen kann auch günstig sein und kann auch schnell und mit relativ wenig Aufwand zubereitet werden. Die in diesem Buch verwendeten Zutaten sind meist im Vorratsschrank zu finden und in jedem Fall bei jedem Supermarkt und Discounter erhältlich.

Die Autorin

Friedericke Godel stammt aus einem Dorf in der Nähe von Karlsruhe und ist geprägt von den Kochgepflogenheiten und Gerichten ihrer Mutter. Diese war während des Krieges und in der Zeit danach gezwungen, aus wenig viel zu zaubern, und hat daher wiederum von ihrer eigenen Mutter vieles übernommen. Diese musste als arme Frau mit vielen Kindern in einem kleinen Dorf täglich versuchen, den Hunger von ihrer Familie fernzuhalten.

Friedericke Godel

Riekes Rezeptideen

Einfach, lecker und preiswert kochen

Impressum

Bibliografische Information der Deutschen Nationalbibliothek: Die Deutsche Nationalbibliothek verzeichnet diese Publikation in der Deutschen Nationalbibliografie; detaillierte bibliografische Daten sind im Internet über dnb.d-nb.de abrufbar.

Kontakt über: Magazin friedericke, Motzstr. 86, 10779 Berlin, redaktion@friedericke-design.de

Herstellung und Verlag: BoD – Books on Demand, Norderstedt
ISBN: 9783755768210

Foto: © meal-2834549 und Pixapay.com
Textredaktion und Gestaltung Friedericke - Magazin

Vorwort

Liebe Leserin, lieber Leser,

trotz der hohen Anforderungen, die Alltag und Beruf an uns stellen, wollen wir uns gesund ernähren. Neben dem Aufwand für die Zubereitung spielt die Frische, aber auch der Preis der Zutaten eine bedeutende Rolle. Allerdings fehlt vielen Menschen nach einem anstrengenden Arbeitstag oft die Zeit und auch die Motivation zum Kochen. Und nicht zuletzt wird in Single-Haushalte das Kochen für eine einzelne Person oft als zu aufwändig angesehen. Kurzum, wir wollen gut, aber einfach und günstig kochen. Geht das eigentlich? Ich meine: Ja, es geht!

Gutes, frisch zubereitetes Essen kann auch günstig sein. Und nicht nur das – es kann auch einfach und mit relativ wenig Aufwand zubereitet werden. Die in diesem Buch verwendeten Zutaten sind meist im Vorratsschrank zu finden und in jedem Supermarkt und Discounter erhältlich. Alle Rezepte können Sie in 15 bis maximal 40 Minuten frisch und ohne Hilfsmittel umsetzen. Allerdings müssen Sie ein paar Grundprodukte (Brühen, Soßen usw.) vorbereiten. Hier können Sie jedoch gleich eine größere Menge herstellen und portionsweise einfrieren. In der Regel kostet eine Mahlzeit zwischen 2,50 und 4,00 Euro pro Person. Diese Preise stellen Durchschnittspreise dar, die natürlich je nach Saison variieren können. Besonders sparsam können Sie zum Beispiel kochen, wenn Sie sich Rezepte aussuchen, in denen Gemüse der Saison verwendet wird. Sie können auch Zutaten wie Fleisch und Gemüse im Sonderangebot kaufen und für eine spätere Verwendung einfrieren.

Ich wünsche Ihnen viel Freude mit meinen Rezeptideen und einen guten Appetit.

Ihre Friedericke Godel

Hinweise

Die Rezepte in diesem Buch sind in der Regel für 2 bis 4 Personen ausgelegt – die genaue Zahl finden Sie für jedes Rezept am Anfang der Zutatenliste.

Wenn nichts anderes angegeben ist, gelten die angegebenen Backtemperaturen für Ober-/Unterhitze. Wenn Sie mit Umluft (Heißluft) backen, reduzieren Sie bitte die Temperatur um ca. 15 bis 20 °C.

Allgemeine Tipps

Kartoffeln

Die Kartoffel ist als Gemüse und Beilage sehr beliebt. In unseren Supermärkten finden sich in der Regel drei verschiede Arten:

- festkochend: eignet sich prima für Kartoffelsalat,
- mehlig: ideal für Püree und Kartoffelteige,
- vorwiegend festkochend: liegt zwischen mehlig und festkochend.

Diese Kartoffelart ist oft etwas günstiger.

Nudeln

Es gibt sehr viele Nudelsorten. Dabei sollte man die Nudeln nach dem Gericht aussuchen, das man zubereiten möchte. Suppennudeln z. B. sind klein und dünn und eignen sich, wie der Name schon sagt, ideal als Suppeneinlage. Kurze Nudeln (Hörnchen, Spiralen usw.) können dagegen besonders viel Soße aufnehmen.

Getrocknete Nudeln sind lagerfähig und lange haltbar. Sie müssen länger gekocht werden als Nudeln aus dem Frischeregal. Diese müssen im Kühlschrank aufbewahrt und in relativ kurzer Zeit verzehrt werden.

Wird in einem Rezept von „al dente" gekochten Nudeln gesprochen, so sind diese auf den Punkt gegart, d. h. sie sind nicht mehr hart, haben aber dennoch einen festen Biss. Richten Sie sich im Allgemeinen nach der auf der Packung angegebenen Garzeit, probieren Sie jedoch bereits zwei Minuten vor dem Ende eine Nudel.

Gemüsepfanne

In einer Pfanne oder einem Wok kann man ganz einfach Gemüse braten. Sie können dafür fast alle Gemüsesorten verwenden. Würzen Sie sparsam, damit der Geschmack des Gemüses nicht überlagert wird. Ergänzen Sie mit frischen Kräutern, die Sie erst zum Schluss der Garzeit zugeben. Mit Sojasoße oder Brühe sowie mit Speck oder Putenfleisch kann man ganz einfach den Geschmack variieren und so einfach und schnell leckere Gerichte zaubern.

Rezepte und Tipps

Grundprodukte

Fleischbrühe

- 500 g Suppenfleisch vom Rind
- eine Handvoll Rindfleischknochen
- 1/4 Sellerieknolle
- 1 kleinere Stange Lauch
- 3 Karotten
- 2,5 l warmes Wasser
- 1 kleines Lorbeerblatt
- 1 Nelke
- 2 Pimentkörner
- 2 Pfefferkörner
- Salz
- 1 EL Tomatenmark

Fleisch und Knochen unter lauwarmem Wasser gut waschen und in einen großen Suppentopf geben. Sellerie, Lauch und Karotten putzen, waschen, in grobe Stücke schneiden und ebenfalls in den Topf geben. Mit Wasser aufgießen. Lorbeerblatt, Nelke, Piment- und Pfefferkörner in ein Gewürzsäckchen oder einen Papierteefilter geben, gut verschließen und ins Wasser legen.

Die Zwiebel halbieren, dabei die Schale nicht entfernen, die Schnittflächen in einer Pfanne ohne Fett dunkel anrösten und ebenfalls in den Topf geben.

Dann alles aufkochen lassen, mit Salz und Tomatenmark würzen und bei kleiner Hitze 2-2,5 Stunden köcheln lassen. Dabei sollte die Suppe niemals stark sprudeln.

Am Schluss die Brühe durch ein Sieb gießen und mit einer Einlage nach Belieben (z. B. Nudeln, Grießklößchen, Eierstich, Pfannkuchen- oder Gemüsestreifen) servieren.

Die Brühe lässt sich gut portionsweise einfrieren. So hat man immer schnell welche zur Hand.

Tipps:

- Wird die Fleischbrühe kalt aufgesetzt, erhält man eine kräftige Brühe, weil sich die Poren des Fleisches nur langsam schließen und somit der Fleischsaft optimal in die Brühe austreten kann. Das Fleisch wird allerdings dabei relativ stark ausgelaugt. Legt man dagegen Wert auf saftiges Fleisch, setzt man alle anderen Zutaten kalt auf und gibt das Fleisch erst zu, wenn das Wasser kocht. Auf diese Weise schließen sich die Poren des Fleisches rascher, und der Saft bleibt darin enthalten. Das Ergebnis ist allerdings eine weniger kräftige Brühe.

- Tomatenmark gibt der Brühe einen kräftigen Geschmack. Gleiches gilt auch für Petersilie. Allerdings sollte diese nicht zu lange mitgekocht werden, da sonst die Brühe einen grünlichen Farbton erhält.

- Wenn Sie beim Gemüsehändler eine Sellerieknolle mit Grünbekommen, werfen Sie das Grün nicht weg, sondern kochen es in der Suppe mit. Sie können es auch portionsweise einfrieren und für eine spätere Verwendung aufbewahren.

- Eine besonders klare Brühe erhält man, wenn man nach dem Aufkochen den entstandenen Schaum mit einem Löffel abschöpft.

- Auch nur mit Knochen statt mit Fleisch erhält man eine schmackhafte Brühe. Für einen sehr intensiven Geschmack sorgen Knochen vom Ochsenschwanz, die Sie unter Umständen bei Ihrem Fleischer vorbestellen müssen. Ebenfalls gut geeignet sind Rinderbeinscheiben mit einem recht hohen Fleischanteil. Neben den klassischen Fleischknochen bieten sich für eine Knochenbrühe auch klare Suppenknochen (Sandknochen) sowie Markknochen an.

Hühnerbrühe

- 1 großes Suppenhuhn
- 2 Petersilienwurzeln
- 1 kleinere Stange Lauch
- 3 Karotten
- 2,5 l lauwarmes Wasser
- 1/2 TL Pfefferkörner
- nach Belieben 1 Stückchen Ingwer
- 1 Zwiebel
- Salz

Das Suppenhuhn unter lauwarmem Wasser gut waschen und in einen großen Suppentopf geben. Petersilienwurzeln, Lauch und Karotten putzen, waschen, in grobe Stücke schneiden und ebenfalls in den Topf geben. Mit Wasser aufgießen. Knoblauchzehe, Pfefferkörner und nach Belieben Ingwer in ein Gewürzsäckchen oder einen Papierteefilter geben, gut verschließen und ins Wasser legen. Die Zwiebel halbieren, dabei die Schale nicht entfernen, und die Hälften ebenfalls in den Topf geben. Dann alles aufkochen lassen, mit Salz würzen und bei kleiner Hitze 2-2,5 Stunden köcheln lassen.

Am Schluss die Brühe durch ein Sieb gießen und mit einer Einlage nach Belieben (z. B. Nudeln, Grießklößchen, Eierstich, Pfannkuchen- oder Gemüsestreifen) servieren.

Tipp:

Hühnerbrühe wird kräftiger, wenn Sie eine Handvoll klare Suppenknochen (Sandknochen) mitkochen. Keine Sorge, die Brühe schmeckt nachher nicht nach Fleisch!

Gemüsebrühe

- 1/4 Sellerieknolle
- 1 kleinere Stange Lauch
- 4 Karotten
- 1 Petersilienwurzel
- 1 Kohlrabi
- 2 l warmes Wasser
- 1 kleines Lorbeerblatt
- 2 Pfefferkörner
- 1 Zwiebel
- Salz
- 1 EL Tomatenmark

Das Gemüse putzen, waschen, in grobe Stücke schneiden und in einen Topf geben. Mit Wasser aufgießen. Lorbeerblatt und Pfefferkörner in ein Gewürzsäckchen oder einen Papierteefilter geben, gut verschließen und ins Wasser legen. Die Zwiebel halbieren, dabei die Schale nicht entfernen, die Schnittflächen in einer Pfanne ohne Fett dunkel anrösten und ebenfalls in den Topf geben. Alles aufkochen lassen, mit Salz und Tomatenmark würzen und bei kleiner Hitze 2 Stunden köcheln lassen.

Am Schluss die Brühe durch ein Sieb gießen und mit einer Einlage nach Belieben (z. B. Nudeln, Grießklößchen, Eierstich, Pfannkuchen- oder Gemüsestreifen) servieren.

Tipp:
Gemüsebrühe können Sie überall dort einsetzen, wo kein ausgesprochener Fleischgeschmack erwünscht ist. Sie eignet sich auch sehr gut zum portionsweisen Einfrieren.

Grießklößchen

- 40 g weiche Butter
- 1 großes Ei
- 4 EL Hartweizengrieß
- Salz, Muskat
- 2 EL Schnittlauch
- klare Brühe (nach einem der Grundrezepte in diesem Buch)

Butter mit dem Handrührgerät schaumig rühren. Ei unterrühren. Grieß, Salz und Muskat zugeben und alles glatt rühren. Etwa 30 Minuten ruhen lassen.
Brühe aufkochen. Mit einem Teelöffel, der immer wieder in die Brühe getaucht wird, Klößchen aus der Masse abstechen und diese in die kochende Brühe legen. Bei mäßiger Hitze zugedeckt 15 Minuten leicht köcheln lassen. Mit Schnittlauch bestreut servieren.

Schwemmklößchen

- 50 g weiche Butter
- 1 Ei
- 50 g Mehl
- Salz, Muskat
- 2 EL Petersilie
- klare Brühe (nach einem der Grundrezepte in diesem Buch.

Butter mit dem Handrührgerät schaumig rühren. Ei unterrühren. Mehl, Salz und Muskat zugeben und alles glatt rühren. Etwa 15 Minuten ruhen lassen. Dann wie die Grießklößchen zubereiten.

Fleischklößchen

- 1/4 Zwiebel, 1/2 TL Öl
- 1 altbackenes Brötchen
- 125 g Rinderhackfleisch
- 1 Ei
- 1 EL Petersilie
- bei Bedarf Semmelbrösel
- Salz, Paprikapulver
- klare Brühe (nach einem der Grundrezepte in diesem Buch)

Zwiebel fein schneiden, in heißem Öl glasig dämpfen und abkühlen lassen. Das Brötchen in warmem Wasser einweichen, gut ausdrücken und in feine Stücke rupfen.
Hackfleisch mit Zwiebeln, Brötchen, Ei und Petersilie zu einem nicht zu weichen Teig vermengen, bei Bedarf noch mit Semmelbröseln binden. Mit Salz und Paprikapulver abschmecken. Etwa walnussgroße Klößchen formen und in kochende Brühe legen.
Bei schwacher Hitze etwa 8-10 Minuten gar ziehen lassen, dabei sollte die Brühe nur noch leicht köcheln.

Bröselklößchen

- 50 g weiche Butter, 2 Eier
- ca. 100 g Semmelbrösel (genaue Menge nach Bedarf)
- 1 EL Schnittlauch
- Salz, Muskat
- klare Brühe (nach einem der Grundrezepte in diesem Buch)

Butter mit Eiern schaumig rühren. Semmelbrösel und Schnittlauch zugeben und zu einem nicht zu weichen Teig vermengen. Mit Salz und Muskat würzen. Etwa walnussgroße Klößchen formen und in kochende Brühe legen. Bei schwacher Hitze ca. 5-7 Minuten gar ziehen lassen, dabei sollte die Brühe nur noch leicht köcheln.

Tomatensoße

- 4 große reife Tomaten
- 1 Zwiebel
- 1 kleine Knoblauchzehe
- 40 g Butter, 40 g Mehl
- 500 ml Wasser oder Brühe (oder beides gemischt)
- Salz, Pfeffer
- 1/2 TL Zucker (nach Belieben auch etwas mehr)

Die Tomaten am unteren Ende kreuzweise einschneiden, etwa 2 Minuten in kochendes Wasser legen, dann herausnehmen und mit kaltem Wasser abschrecken. Den Stängelansatz herausschneiden und die Haut abziehen. Das Fruchtfleisch mit den Kernen in feine Würfel schneiden. Zwiebel fein schneiden, Knoblauch zerdrücken und beides in Butter kurz anschwitzen. Mit Mehl bestäuben, die Tomaten zugeben, mit Wasser oder Brühe aufgießen, mit Salz, Pfeffer und Zucker würzen und etwa 10 Minuten köcheln lassen. Dabei öfters umrühren. Am Schluss nochmals mit Salz und Pfeffer abschmecken.

Tipps:

- Schneller und noch einfacher geht es, wenn man statt der frischen Tomaten eine große Tasse passierte Tomaten (in guter Qualität im Handel erhältlich) verwendet. In diesem Fall die Flüssigkeitsmenge entsprechend reduzieren.
- Durch Beigabe von Basilikum und Oregano bekommt die Tomatensoße einen mediterranen Touch. Nach Belieben am Schluss geriebenen Parmesankäse unterrühren.

Dunkle Bratensoße

- 1 große Zwiebel
- 2 Karotten
- 1/4 Sellerieknolle
- 500 g Rindfleischknochen
- 1 EL geschmacksneutrales Öl (z. B. Sonnenblumenöl)
- 2 EL Tomatenmark
- 1,5 l Wasser
- 1/2 Glas trockener Rotwein
- 1 Lorbeerblatt
- 2 Nelken
- Salz, Pfeffer

Zwiebel, Karotte und Sellerie schälen und in Stücke schneiden. Die Knochen in warmem Wasser waschen, mit Küchenpapier gut abtupfen und in einem weiten Topf mit Öl bei starker Hitze anbraten. Das Gemüse zugeben und kurz mitbraten. Das Tomatenmark nur ganz kurz mit anrösten. Mit einem Schuss Wasser ablöschen, dabei den Bratensatz am Boden des Topfes mit einem Rührlöffel lösen.
Wenn das Wasser verdunstet ist und sich wieder Bratensatz am Topfboden gebildet hat, nochmals mit wenig Wasser aufgießen. Wieder wie zuvor verfahren und beim dritten Mal das restliche Wasser und den Wein zugießen. Lorbeerblatt und Nelken in ein Gewürzsäckchen oder einen Papierteefilter geben, gut verschließen und in die Soße legen. Mindestens 1,5 Stunden, besser 2 Stunden bei mäßiger Hitze köcheln lassen. Dann durch ein Sieb abgießen.
Das Gewürzsäckchen und die Knochen entfernen. Das mitgekochte, weiche Gemüse durch das Sieb in die Soße streichen, dies sorgt für eine sämige Bindung. Mit Salz und Pfeffer abschmecken.
Durch Verwendung anderer Knochen (z. B. Wildknochen, Geflügelknochen) lässt sich der Geschmack des Soßenfonds variieren.

Currysoße

- 1 kleiner säuerlicher Apfel
- 1 Zwiebel
- 1 Zehe Knoblauch
- 1 kleine Chilischote
- 2 EL Öl
- 1 Tube Tomatenmark
- 2 EL Currypulver
- 250 ml Wasser
- 1 EL Apfelessig
- 1 EL edelsüßes Paprikapulver
- 2 EL Honig
- Salz

Apfel schälen, entkernen und in kleine Würfel schneiden. Zwiebel schälen und ebenfalls fein würfeln. Knoblauchzehe schälen und durchpressen. Chilischote entkernen und sehr fein hacken.

Apfel, Zwiebel, Knoblauch und Chilischote in Öl andünsten. Tomatenmark und Currypulver dazugeben und unter Rühren kurz andünsten. Mit Wasser und Apfelessig aufgießen, Paprikapulver hinzufügen und etwa 10 Minuten köcheln lassen. Am Schluss den Honig zugeben und mit Salz abschmecken.

Tipp:

Bereiten Sie eine Portion Soße schon im Voraus für den schnellen Bedarf zu. Sie hält sich gut verschlossen im Kühlschrank für ein paar Tage. So schmeckt auch die Currywurst lecker!

Mayonnaise

- 1-2 sehr frische Eigelbe
- 1 gestrichener TL Salz
- 1 TL Senf
- 1 EL Essig oder Zitronensaft
- 1 Prise Zucker
  250 ml geschmacksneutrales Öl (z. B. Sonnenblumenöl)

Die Schüssel, in der die Mayonnaise angerührt wird, ganz leicht vorwärmen.
Eigelb hineingeben. Salz, Senf, Essig und Zucker zugeben und alles mit dem Schneebesen oder dem Handrührgerät gut schaumig schlagen.
Zuletzt das Öl unter ständigem Schlagen in dünnem Strahl zugießen und die Masse so lange schlagen, bis sie die Konsistenz von weicher Butter hat.

Tipp:

- Die Zutaten dürfen nicht zu warm sein, da sonst das Eigelb gerinnt. Auch die Schüssel sollte nur leicht angewärmt, keinesfalls zu heiß sein. Ist die Mayonnaise doch einmal geronnen, kann sie unter Zugabe von 1 EL kochendem Wasser wieder glattgerührt werden.
- Wegen der Salmonellengefahr ist es wichtig, ganz frisches Eigelb zu verwenden.
- Mayonnaise sollte bis zum Gebrauch stets im Kühlschrank aufbewahrt werden. Es sollte immer nur so viel auf einmal zubereitet werden, wie innerhalb kurzer Zeit verbraucht werden kann.

Tomatensalsa

- 5 Tomaten
- 120 g Zwiebeln
- 3 Knoblauchzehen
- 2 Frühlingszwiebeln
- 6 EL Olivenöl
- 2 EL Zitronensaft
- Salz, Pfeffer, Zucker

Tomaten würfeln, Zwiebeln schälen und fein würfeln, Knoblauch schälen und durchpressen, Frühlingszwiebeln waschen und in Ringe schneiden. Alles in eine Schüssel geben, Olivenöl und Zitronensaft zugeben und mit Salz, Pfeffer und Zucker abschmecken.
Passt prima zu Steak, Grillfleisch oder zu Fleisch vom heißen Stein.

Lachs-Zwiebel-Dip

- 1 Zwiebel
- 1 TL Öl
- 150 g Räucherlachs
- 1 Becher Crème fraîche
- 1 Becher Frischkäse
- 2 TL fein gehackter Dill
- Salz

Zwiebel würfeln, in einer Pfanne mit Öl glasig dünsten und abkühlen lassen. Lachs in Streifen schneiden. Crème fraîche und Frischkäse glatt rühren, Lachs, Zwiebeln und Dill unterrühren und mit Salz würzen. Im Kühlschrank 1 Tag gut verschlossen durchziehen lassen.
Schmeckt lecker zu Kartoffeln, Brot oder Fondue.

French Dressing

- 3 EL Salatöl
- 6 EL Olivenöl
- 2 EL Essig
- 2 EL Rotwein
- 1 EL Senf
- Salz, Pfeffer, Zucker
- 1 EL Petersilie
- 1 EL Estragon

Öl, Essig, Rotwein und Senf verrühren. Mit Salz, Pfeffer und Zucker würzen und am Schluss gehackte Kräuter zugeben.
Eignet sich gut für Blatt-, Kohl- und Fischsalate.

Kräuter-Joghurt-Dressing

- 3 Schalotten
- 2 Knoblauchzehen
- 1 Bund Dill
- 1 Bund glatte Petersilie
- 1 Bund Basilikum
- 2 Becher (à 150 g) Naturjoghurt
- 3 EL Zitronensaft
- 3 EL Olivenöl
- Salz, Pfeffer, Zucker

Schalotten schälen und fein würfeln, Knoblauch schälen und durchpressen. Kräuter fein hacken. Joghurt in eine Schüssel geben und mit allen Zutaten verrühren. Mit Salz, Pfeffer und Zucker würzen.
Passt zu Salaten, Grillfleisch und Fondue.

Senfsoße

- 200 ml Sahne
- 120 ml Gemüsebrühe (nach dem Grundrezept in diesem Buch)
- 2 EL süßer Senf
- 2 EL scharfer Senf
- Salz, Pfeffer
- 1/2 Bund Blattpetersilie

Sahne, Brühe und Senf in einem Topf verrühren, erhitzen und einkochen lassen. Mit Salz und Pfeffer abschmecken und zum Schluss gehackte Petersilie einstreuen.

Schmeckt lecker zu hartgekochten Eiern und Kartoffelpüree.

Basilikumpesto

- 1 Bund Basilikum
- 2 Knoblauchzehen
- 50 g Pinienkerne
- 50 g geriebener Parmesan
- 110 ml Olivenöl
- Salz, Pfeffer

Basilikum waschen und die Blättchen abzupfen. Knoblauch schälen und ganz fein würfeln. Beides mit Pinienkernen und Parmesan ganz fein pürieren und zum Schluss mit Salz und Pfeffer abschmecken.

Schmeckt zu Nudeln (besonders Spaghetti).

Geflügelwürzpaste

- 4 EL Tomatenketchup
- 2 EL Sojasoße
- 1 TL Blütenhonig
- 1 Messerspitze getrockneter Oregano
- Salz, Pfeffer

Ketchup, Sojasoße, Honig und Oregano verrühren und mit Salz und Pfeffer abschmecken. Die Geflügelteile damit bestreichen und je nach Rezept in der Pfanne oder im Backofen braten.
Passt ideal zu Hähnchen oder Pute.

Knoblauch-Kräuter-Dip

- 1 EL Dill
- 1 EL Petersilie
- 1 EL Schnittlauch
- 1 EL Kresse
- 2 Knoblauchzehen
- 150 g Crème fraîche
- Salz, Pfeffer, 1 Prise Zucker

Kräuter fein hacken. Knoblauchzehen schälen und durchpressen. Alles mit Crème fraîche verrühren und mit Salz, Pfeffer und Zucker abschmecken.

Schmeckt lecker zu Grillfleisch und Pellkartoffeln.

Pizzagewürz

- 2 EL Basilikum
- 2 EL Salbei
- 2 EL Oregano
- 1 EL Thymian
- 1 EL Rosmarin
- 2 EL Meersalz
- 1/2 TL abgeriebene Zitronenschale
- 1/2 TL gemahlener schwarzer Pfeffer

Die Kräuter von den Stängeln zupfen und grob hacken. In einer beschichteten Pfanne ohne Fett bei mittlerer Hitze ca. 2-3 Minuten unter ständigem Rühren trocknen. Abkühlen lassen, mit Salz, Zitronenschale und Pfeffer mischen und im Mörser fein zerstoßen. In einem gut schließenden Glas an einem dunklen Ort aufbewahren.

Pizzateig

Für ein großes rechteckiges Backblech:

- 500 g Mehl
- 1 TL Salz
- 250 ml lauwarmes Wasser
- 4 EL Olivenöl
- 1 Päckchen Trockenhefe

Mehl mit Salz mischen und in eine große Schüssel geben. Wasser und Olivenöl zugeben, die Hefe darüberstreuen. Alles zu einem geschmeidigen Teig verkneten. Etwas ruhen lassen, dann weiterverarbeiten.

Pizzasoße

Für ein großes rechteckiges Backblech:

- 1 Zwiebel
-
- 1 Knoblauchzehe
- 2 EL Olivenöl
- 1 kleine Dose (400 g) Pizzatomaten
- 1 TL getrockneter Oregano
- Salz, Pfeffer, Zucker

Zwiebel und Knoblauch schälen und fein hacken. In einem Topf mit Olivenöl anbraten. Die Pizzatomaten und Oregano zufügen. Mit Salz, Pfeffer und Zucker abschmecken und 5 Minuten bei geringer Hitze köcheln lassen. Auf dem vorbereiteten Pizzaboden gleich-mäßig verteilen und nach Belieben belegen.

Zwiebel-Schnittlauch-Soße

- 1 Zwiebel
- 1 Knoblauchzehe
- 1 Bund Schnittlauch
- 1 Becher (200 g) Crème fraîche
- Salz, Pfeffer

Zwiebel schälen und fein würfeln, Knoblauch schälen und durchpressen, Schnittlauch in feine Röllchen schneiden. Alle Zutaten mit Crème fraîche verrühren und mit Salz und Pfeffer würzen.
Schmeckt lecker zu Grillfleisch und Pellkartoffeln.

Suppengewürz

Die Alternative zum gekauften Brühwürfel

- 500 g Karotten
- 500 g Zwiebeln
- 500 g Knollensellerie (nach Belieben mit Grün)
- 500 g Lauch
- 500 g Petersilie
- 500 g Salz

Das Gemüse putzen, in Stücke schneiden und zu einem Brei pürieren. In einer Schüssel mit dem Salz gut vermischen, dann in Gläser mit Schraubverschluss füllen.
Hält sich kühl und dunkel gelagert sehr lange.
Für eine Brühe ca. 1 EL der Masse auf 1,5 l Wasser verwenden.
Wer mag, gibt auch noch andere Kräuter und Gewürze wie Knoblauch oder Liebstöckel hinzu.

Fleisch- und Grillgewürz

- 4 EL Salz
- 2 TL edelsüßes Paprikapulver
- 1/2 TL gemahlener schwarzer Pfeffer
- 1 Prise Cayennepfeffer
- 1 TL Zwiebelpulver
- 1/2 TL Knoblauchpulver
- 1/2 TL Oregano

Alle Zutaten vermischen und in einem gut schließenden Glas an einem dunklen Ort aufbewahren.

Suppen & Eintöpfe

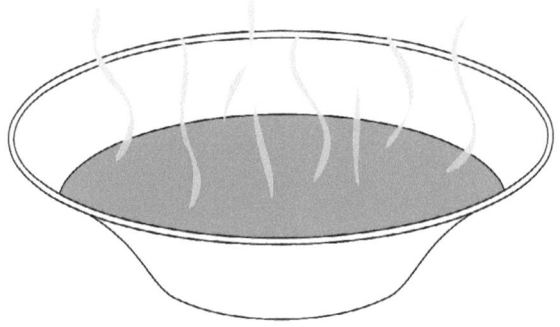

Nudeleintopf mit Paprika

Für 4 Personen:

- 1 Bund Suppengrün
- 6 EL Öl
- 1 rote Paprikaschote
- 1 gelbe Paprikaschote
- 1 grüne Paprikaschote
- 1 l Fleisch- oder Gemüsebrühe
  (nach den Grundrezepten in diesem Buch)
- 3 Tomaten
- 250 g Hörnchennudeln
- 4 Würstchen (Frankfurter oder Wiener)
- Salz, 1 Prise Muskatnuss
- 1/2 Bund Petersilie

Suppengrün waschen, putzen und klein schneiden. In einem Suppentopf mit heißem Öl andünsten. Paprikaschoten waschen, entkernen und in Stücke schneiden. Zum Suppengrün geben und mit der Brühe ablöschen. Bei kleiner Hitze fünf Minuten köcheln lassen.

Die Tomaten am unteren Ende kreuzweise einschneiden, etwa 2 Minuten in kochendes Wasser legen, dann herausnehmen und mit kaltem Wasser abschrecken. Den Stängelansatz herausschneiden und die Haut abziehen. Das Fruchtfleisch in etwa 2 cm große Würfel schneiden. Mit den Hörnchennudeln und den in Scheiben geschnittenen Würstchen zur Suppe geben und noch einmal 10-12 Minuten köcheln lassen.

Mit Salz und Muskat abschmecken und mit gehackter Petersilie bestreut servieren.

Anstelle von Würstchen kann man auch leckere Fleischklößchen in den Eintopf geben (nach dem Rezept in diesem Buch).

Schmorgurkeneintopf

Für 4 Personen:

- 2 Eier
- 500 g Kartoffeln (mehlig kochend)
- 2 Zwiebeln
- 1 kg Schmorgurken
- 3 EL Öl
- 1 l Gemüsebrühe
  (nach dem Grundrezept in diesem Buch)
- Salz, Pfeffer
- 150 g gekochter Schinken
- 200 g Schmand
- 1/2 Bund Dill

Eier etwa 8-10 Minuten hart kochen, dann in kaltem Wasser abschrecken und abkühlen lassen. Schälen und in Würfel schneiden.
Kartoffeln schälen und in etwa 1,5 cm große Würfel schneiden, Zwiebel schälen und fein hacken.
Gurken schälen und halbieren. Etwa 250 g fein würfeln und beiseitelegen. Vom Rest die Kerne herausschaben und das Fruchtfleisch in etwa 2 cm große Würfel schneiden.
Öl in einem Suppentopf erhitzen. Kartoffeln, Zwiebeln und Gurkenwürfel darin andünsten. Mit der Gemüsebrühe aufgießen und mit Salz und Pfeffer würzen. Etwa 15-20 Minuten köcheln lassen, dann im Topf mit einem Pürierstab pürieren (ersatzweise in den Mixer geben und dort pürieren).
Schinken in feine Streifen schneiden, mit den Eiwürfeln, der übrigen Gurke, Schmand und fein gehacktem Dill in die Suppe geben. Mit Salz und Pfeffer nochmals abschmecken. Sofort servieren.
Dazu reicht man Baguette.

Kartoffelcremesuppe

Für 4 Personen:

- 750 g Kartoffeln
- 2 Möhren
- 1 Stück Sellerie
- 1 Stange Lauch
- 1 Zwiebel
- 2 EL Öl
- 1,5 l Fleisch- oder Gemüsebrühe
  (nach den Grundrezepten in diesem Buch)
- 1 Becher (200 g) saure Sahne
- Salz, Pfeffer
- 2 EL Petersilie

Kartoffeln schälen und in kleine Würfel schneiden. Möhren, Sellerie, Lauch und Zwiebel putzen und klein schneiden.

Alles in heißem Öl bei mittlerer Hitze unter gelegentlichem Umrühren 5 Minuten dämpfen. Mit Brühe ablöschen und köcheln lassen, bis Gemüse und Kartoffeln weich sind.

Kartoffeln und Gemüse mit dem Schaumlöffel aus der Suppe nehmen, durch ein Sieb streichen und wieder zurück in die Suppe geben.

Die Suppe mit saurer Sahne verfeinern und mit Salz und Pfeffer abschmecken. Mit Petersilie bestreut servieren.

Würstchensuppe mit Nudeln und buntem Gemüse

Für 4 Personen:

- 1 Möhre
- 4 EL Erbsen
- 4 EL Mais
- 4 EL feine Suppennudeln (Fadennudeln)
- 1 l Fleisch- oder Gemüsebrühe
  (nach den Grundrezepten in diesem Buch)
- 2 Paar Würstchen (Frankfurter oder Wiener)
- Salz, 1 Prise Muskatnuss
- 1/2 Bund Petersilie

Möhre schälen und in kleine Würfel schneiden. Zusammen mit Erbsen, Mais und Nudeln in die kochende Brühe geben. Bei schwacher Hitze etwa 10 Minuten köcheln lassen.

Die Würstchen in Scheiben schneiden, zur Suppe geben und heiß werden lassen. Mit Salz und Muskat abschmecken und mit Petersilie bestreut servieren.

Tipp:

Diese Suppe bietet eine Vielzahl von Variationsmöglichkeiten.
So kann man anstelle von Erbsen, Mais und Möhre einen anderen Gemüsemix wählen, wie z. B. mit Paprika, Lauch und Sellerie oder auch mit Bohnen, Champignons und Tomaten.
Auch mit geräuchten Würsten (z. B. Debrecziner) lässt sich eine neue Geschmacksvariation erzielen.

Paprikasuppe

Für 3 Personen:

- 1/2 rote Paprikaschote
- 1/2 gelbe Paprikaschote
- 1/2 grüne Paprikaschote
- 1 l Fleisch- oder Gemüsebrühe
  (nach den Grundrezepten in diesem Buch)
- 3 EL kleine Suppennudeln (z. B. Buchstaben oder Zahlen)
- Salz
- 2 EL Schnittlauch

Die Paprikahälften waschen, entkernen und in kleine Würfel schneiden. Die Brühe aufkochen, die Nudeln hineingeben und etwa 5 Minuten bei schwacher Hitze köcheln lassen. Dann die Paprikawürfel zugeben und weitere 5 Minuten köcheln lassen. Dabei ab und zu umrühren.

Die Suppe mit Salz abschmecken und mit Schnittlauch bestreut servieren.

Tipp:

Die Suppe mit gebratenen Hackfleischbällchen verfeinern.
Hierfür aus dem Hackfleischteig (nach dem Rezept für Fleischklößchen in diesem Buch) kleine Bällchen formen, in einer Pfanne mit heißem Öl rundherum etwa 8-10 Minuten braten. Aus der Pfanne nehmen und auf Küchenkrepp legen, damit das überschüssige Fett aufgesaugt wird.

In der Suppe noch einmal kurz erwärmen.

Suppe mit Käsetoasts

Für 4 Personen:

- 3 Scheiben Toastbrot
- 2 TL Butter
- 3 Scheiben Schmelzkäse für Toasts
- 1 l Fleisch- oder Gemüsebrühe
  (nach den Grundrezepten in diesem Buch)
- 3 EL kleine Suppennudeln (Sternchen)
- 2 EL Schnittlauch

Toastbrotscheiben in einer Pfanne mit heißer Butter goldbraun braten. Herausnehmen, mit je einer Scheibe Schmelzkäse belegen und abkühlen lassen.
In der Zwischenzeit die Brühe in einem Topf aufkochen, die Suppennudeln zugeben und bei schwacher Hitze 8-10 Minuten köcheln lassen.
Die Toastscheiben in ca. 4 x 4 cm große Vierecke schneiden und in die Suppe geben. Mit Schnittlauch bestreut servieren.

Lauch-Käsesuppe

Für 4 Personen:

- 500 g gemischtes Hackfleisch
- 2 EL Öl
- 500 g Zwiebeln
- 500 g Lauch
- 1,5 l Fleisch- oder Gemüsebrühe
  (nach den Grundrezepten in diesem Buch)
- 1/8 l Weißwein
- 1/8 l Sahne
- 125 g Kräuterschmelzkäse
- Salz, Pfeffer
- 2 EL Petersilie

Zwiebeln schälen und würfeln, Lauch putzen und in Ringe schneiden. Hackfleisch in einem Topf mit heißem Öl krümelig braten. Zwiebeln und Lauchringe zugeben und weich dünsten. Mit Brühe aufgießen, aufkochen und 5 Minuten köcheln lassen.
Dann Weißwein und Sahne zugeben und den Käse unterrühren. Mit Petersilie bestreut servieren.

Tipps:

- Dazu Baguette servieren.

- Mit anderen Käsesorten (z. B. Schmelzkäse mit Paprika oder mit Champignons) lässt sich die Suppe geschmacklich gut variieren.

Belegte Brote, Sandwiches & Toasts

Oliven-Sandwich

Für 4 Personen:

- 2 frische Minzblätter
- 1 Becher Schmand
- 2 EL Zitronensaft
- Salz, Pfeffer
- 50 g mit Paprika gefüllte Oliven
- 2 Tomaten
- 4 kleine Fladenbrote
- 40 g Butter

Minzblätter in sehr feine Streifen schneiden. Schmand und Zitronensaft verrühren, die Minzblätter zugeben und mit Salz und Pfeffer abschmecken.

Tomaten halbieren, Kerne und Stängelansatz entfernen und das Fruchtfleisch würfeln. Zusammen mit den Oliven in Scheiben schneiden.

Fladenbrote waagerecht einschneiden, innen mit Butter bestreichen. Mit der Schmandcreme, Oliven und Tomaten füllen.

Thunfisch-Sandwich

Für 4 Personen:

- 4 Salatblätter
- 8 Scheiben Sandwichtoast
- 2 Dosen Thunfisch
- 1 kleines Glas Essiggurken (Cornichons)
- 50 g kernlose Oliven
- 2 Tomaten
- 1/2 Bund Schnittlauch
- 2 EL Salatmayonnaise
- 40 g Butter
- Pfeffer

Salatblätter waschen und trocken schleudern oder gut abtropfen lassen.
Brot toasten, Thunfisch und Cornichons abtropfen lassen.
Oliven in Scheiben schneiden. Tomaten halbieren, Kerne und Stängelansatz entfernen und das Fruchtfleisch würfeln. Die Cornichons ebenfalls würfeln, den Schnittlauch in Röllchen schneiden.

Thunfisch, Oliven, Cornichons, Tomaten und Schnittlauch in eine Schüssel geben und mit der Mayonnaise vermischen.

Die getoasteten Brotscheiben mit Butter bestreichen.
Die Salatblätter auf 4 Brotscheiben verteilen und mit der Thunfischmischung belegen. Mit Pfeffer abschmecken.
Mit je einer der restlichen Brotscheiben belegen und diagonal durchschneiden.

Tipp:
Schmeckt auch mit Räucherlachs lecker.

Bagels mit Schinken

Für 4 Personen:

- 2 Tomaten
- 1 Handvoll Rucola-Salat
- 4 Bagels, 50 g Butter
- 8 Scheiben roher Schinken
- 70 g Parmesankäse
- bunter Pfeffer (aus der Mühle)

Tomaten waschen und in Scheiben schneiden, Rucolablätter waschen und trocken schleudern. Bagels halbieren. Die untere Hälfte mit Butter bestreichen, mit Rucola, Tomaten, Schinken und gehobeltem Parmesankäse belegen. Mit frisch gemahlenem Pfeffer bestreuen und jeweils mit der zweiten Hälfte der Bagels bedecken.

Ciabatta-Sandwich

Für 4 Personen:

- Basilikum, Oregano
- 100 g geriebener und 50 g geraspelter Parmesankäse
- 250 g Frischkäse
- Salz, Pfeffer
- 12 Scheiben Ciabattabrot
- 50 g Butter

Kräuter fein schneiden, mit geriebenem Parmesan und Frischkäse verrühren, mit Salz und Pfeffer abschmecken.
Brot mit Butter und Frischkäsemasse bestreichen und mit geraspeltem Parmesan garnieren.

Für 4 Personen:

* 1 große Zwiebel
* 2 Tomaten
* 1 rote Paprikaschote
* 3 Essiggurken
* 400 g rohe grobe Bratwürste
* 8 Scheiben Sandwichtoast
* 8 Scheiben Gouda-Käse
* 2 EL Petersilie

Zwiebel schälen und in dünne Ringe schneiden. Tomaten waschen, halbieren, den Stängelansatz herausschneiden, die Kerne entfernen und das Fruchtfleisch würfeln. Die Paprikaschote waschen, halbieren, entkernen und ebenfalls in Würfel schneiden. Essiggurken gut abtropfen lassen und in feine Scheiben schneiden.

Von den Bratwürsten das Brät aus der Pelle drücken und die Sandwichscheiben gleichmäßig damit bestreichen. Mit Zwiebeln, Tomaten, Gurken und Paprika belegen und am Schluss die Käsescheiben obenauf legen.

Ein rechteckiges Backblech mit Backpapier belegen, die Brote daraufegen und im vorgeheizten Backofen bei 180 °C etwa 15-20 Minuten je nach gewünschter Bräune backen.

Mit Petersilie bestreut servieren.

Baguettebrötchen mit Lachs

Für 4 Personen:

- 4 *Baguettebrötchen*
- 2 Tomaten
- 4 Salatblätter
- 100 g Räucherlachs
- 150 g Frischkäse
- 1/2 Bund Petersilie
- Salz, Pfeffer
- 50 g Butter

Die Baguettebrötchen halbieren.

Tomaten waschen, halbieren, den Stängelansatz herausschneiden, die Kerne entfernen und das Fruchtfleisch würfeln. Salatblätter waschen und gut abtrocknen lassen. Lachs in ca. 0,5 cm breite Streifen schneiden. Petersilie fein schneiden.

Frischkäse mit Lachs, Tomaten und Petersilie verrühren und mit Salz und Pfeffer abschmecken.

Die unteren Teile der Brötchen mit Butter bestreichen, die Salatblätter darauflegen und mit der Käsecreme bestreichen. Den oberen Teil der Brötchen jeweils daraufsetzen.

Thunfisch-Wrap

Für 4 Personen:

- 4 Tortillas
- 200 g Kräuterfrischkäse
- 4 Salatblätter (Eisbergsalat)
- 2 Tomaten
- 1 große Möhre
- 1 Dose Thunfisch

Tortillas mit der Hälfte des Frischkäses bestreichen. Je ein großes Salatblatt darüberlegen, Tomatenscheiben darauf verteilen.
Möhre putzen und raspeln, Thunfisch abtropfen lassen und mit den Möhrenraspeln und dem restlichen Frischkäse vermischen. Auf dem Wrap verteilen, diesen einschlagen und aufrollen.

Käse-Melonen-Toast

Für 4 Personen:

- 8 Scheiben Sandwichtoast
- 1 EL gehackte Mandeln, 1 EL Sesam
- 1/2 Honigmelone
- 125 g Maasdamer Käse in Scheiben
- 40 g Butter
- Basilikum

Brotscheiben toasten, die Rinde entfernen. Das Innere diagonal halbieren, ebenso die Käsescheiben. Sesam und Mandeln separat in einer Pfanne ohne Fett leicht anrösten und abkühlen lassen. Die Melone schälen, in kleine Scheiben schneiden und in Sesam und Mandeln wälzen.
Brot mit Butter bestreichen und mit Käse, Melonenscheiben und Basilikumblättern belegen.

Eier-Mozzarella-Toast

Für 4 Personen:

- 8 Eier
- 4 Tomaten
- 250 g Mozzarella
- 8 große Scheiben Toastbrot
- 30 g Butter
- Salz, Pfeffer
- ein paar Oreganoblättchen

Eier etwa 8-10 Minuten hart kochen, dann in kaltem Wasser abschrecken und abkühlen lassen. Schälen und mit einem Eierschneider in Scheiben schneiden.

Tomaten halbieren, den Stängelansatz entfernen und die Hälften in Scheiben schneiden. Mozzarella abtropfen lassen und ebenfalls in Scheiben schneiden.

Toastscheiben toasten und mit Butter bestreichen.
Eier und Tomaten abwechselnd auf die Brotscheiben legen und mit Salz und Pfeffer würzen. Oreganoblättchen hacken und darüberstreuen. Mozzarella darauf verteilen.
Die Brote auf ein Blech mit Backpapier legen und im vorgeheizten Backofen bei 200 °C etwa 10 Minuten backen, bis der Käse zu schmelzen beginnt.

Mit Feldsalat servieren

Salate

Reissalat mit Scampi

Für 2 Personen:

- 3 Frühlingszwiebeln
- 100 g Staudensellerie
- 2 Tomaten
- 1 kleine Zucchini
- 1 Bund Basilikum
- 250 g Schnellkochreis
- 1 TL italienische Kräuter
- 5 EL weißer Balsamicoessig
- 5 EL Olivenöl
- Salz, Pfeffer
- 1 Prise Zucker
- 1 Knoblauchzehe
- 150 g Scampi
- 1 EL Zitronensaft

Frühlingszwiebeln und Sellerie putzen, waschen und in Scheiben schneiden. Tomaten waschen, halbieren, den Stängelansatz herausschneiden, die Kerne entfernen und das Fruchtfleisch würfeln. Zucchini schälen, in Würfel schneiden und in einer Pfanne mit 1 TL Olivenöl 5 Minuten dünsten. Die Hälfte des Basilikums waschen und in Streifen schneiden.
Reis nach Packungsanleitung in Salzwasser kochen, in ein Sieb abgießen und abkühlen lassen. Lauwarm mit Gemüse, Kräutern, Basilikumstreifen, Balsamicoessig und 4 EL Olivenöl mischen. Mit Salz, Pfeffer und Zucker abschmecken. Knoblauch schälen und zerdrücken, in 1 TL Olivenöl andünsten. Scampi waschen, trocken tupfen, mit Zitronensaft beträufeln, in dem Knoblauchöl anbraten und in den Salat geben.
Auf Tellern anrichten und mit den restlichen Basilikumblättchen garnieren.

Reissalat auf indische Art

Für 2 Personen:

* 250 g Schnellkochreis
* 1/2 Ananas
* 3 Frühlingszwiebeln
* 1 rote Paprikaschote
* 1/2 Dose Kichererbsen
* 7 EL Currysoße
  (nach dem Rezept in diesem Buch)
* 3 EL Orangensaft
* Salz, Pfeffer, Currypulver
* 250 g Putenschnitzel
* 1 TL Öl

Reis nach Packungsanleitung in Salzwasser kochen, in ein Sieb abgießen und in eine Schüssel geben.

Ananas schälen und in Stücke schneiden. Frühlingszwiebeln putzen und in Ringe schneiden. Paprika waschen, entkernen und in Würfel schneiden. Kichererbsen abtropfen lassen.

Alle Zutaten zum Reis geben, mit Currysoße und Orangensaft vermischen und mit Salz abschmecken. Durchziehen lassen.

Putenschnitzel in Streifen schneiden, mit Salz, Pfeffer und Currypulver würzen. In einer Pfanne mit heißem Öl von allen Seiten kräftig anbraten und noch warm auf dem Salat anrichten.

Schwäbischer Wurstsalat

Für 4 Personen:

- 800 g frische Schinkenwurst
  (ersatzweise Fleischwurst oder Lyoner)
- 1 Zwiebel
- 2 Essiggurken

Für die Marinade:
- 200 ml Fleisch- oder Gemüsebrühe
  (nach den Grundrezepten in diesem Buch)
- 2 EL geschmacksneutrales Öl
  (z. B. Sonnenblumenöl)
- 2 EL Weißweinessig
- Salz, Pfeffer
- 1 Prise Zucker

Zum Bestreuen:
- Petersilie

Wurst in dünne Scheiben, dann in etwa 0,5 cm breite Streifen schneiden. Zwiebeln schälen, Essiggurken gut abtropfen lassen und beides in feine Würfel schneiden. Alles in eine Salatschüssel geben.

Aus Brühe, Öl und Essig eine Marinade rühren und mit Salz, Pfeffer und Zucker abschmecken.

Wurst, Zwiebeln und Gurken mit der Marinade übergießen und vermischen.

Gut durchziehen lassen, vor dem Servieren nochmals mit Salz und Pfeffer abschmecken.

Mit Petersilie bestreut servieren.

Dazu Bauernbrot reichen.

Brotsalat mit Thunfisch

Für 4 Personen:

- 400 g Kastenweißbrot
- 120 ml Olivenöl
- 300 g Tomaten
- 2 rote Paprikaschoten
- 1/2 Bund Frühlingszwiebeln
- 2 Knoblauchzehen
- ein paar Blättchen Basilikum
- 140 ml Gemüsebrühe (nach dem Grundrezept in diesem Buch)
- 1 Schuss Weinessig
- Salz, Pfeffer, 1 Prise Zucker
- 1 Dose Thunfisch

Das Weißbrot am Vortag in Würfel schneiden, diese auf einem Brett oder Backblech ausbreiten und einen Tag trocknen lassen.

Am nächsten Tag die Brotwürfel mit der Hälfte des Olivenöls in einer Pfanne rösten, aus der Pfanne nehmen und auf einem Teller abkühlen lassen.

Die Tomaten am unteren Ende kreuzweise einschneiden, etwa 2 Minuten in kochendes Wasser legen, dann herausnehmen und mit kaltem Wasser abschrecken. Den Stängelansatz herausschneiden und die Haut abziehen. Das Fruchtfleisch in etwa 1,5 cm große Würfel schneiden. Paprika putzen, entkernen und das Fruchtfleisch würfeln. Frühlingszwiebeln waschen und in Ringe schneiden, Knoblauch schälen und fein hacken. Basilikumblätter von den Stängeln zupfen, waschen, trocken schütteln und in feine Streifen schneiden. Alle Zutaten in eine Schüssel geben und gut vermischen.

Gemüsebrühe mit Essig aufkochen, das restliche Olivenöl zugeben und verrühren. Mit Salz, Pfeffer und Zucker abschmecken.

Die Salatzutaten mit der Marinade mischen und den abgetropften Thunfisch zugeben.

Salat mit Hähnchenbrustfilet

Für 4 Personen:

- 4 Hähnchenbrustfilets
- Salz, Pfeffer
- 3 EL Olivenöl
- 3 halbe Salate nach Wahl
  (z. B. Lollo Rosso, Endiviensalat, Eichblattsalat)
- 1 Chicorée
- 1 rote Paprika

Für das Dressing:

- 4 EL Sherryessig
- 4 EL Olivenöl
- 1 TL Dijon Senf
- 1 Schalotte
- Salz, Pfeffer, Zucker

Hähnchenbrustfilets mit Salz und Pfeffer würzen und in einer Pfanne mit 3 EL Olivenöl von jeder Seite 6-7 Minuten braten. Herausnehmen, kurz ruhen lassen, dann in ca. 1 cm breite Streifen schneiden.
Die Salate putzen, die Blätter klein zupfen, waschen und trocken schleudern oder gut abtropfen lassen. Den Chicorée in feine Streifen schneiden, ebenfalls waschen und abtropfen lassen. Die Paprika halbieren, entkernen und in Streifen schneiden.
Für das Dressing Schalotte schälen und fein würfeln. Mit Essig, Öl und Senf in eine Schüssel geben und alles gut durchrühren. Mit Salz, Pfeffer, Zucker und eventuell noch weiterem Senf abschmecken.
Salate auf Tellern verteilen, das Dressing darübergeben und die Hähnchenstreifen darauflegen.
Sofort servieren.

Mediterraner Salat

Für 4 Personen:

- 2 Gurken
- 1 rote Paprika
- 6 Tomaten
- 2 Zwiebeln
- 100 g schwarze Oliven
- 200 g Schafskäse

Für das Dressing:

- 3 EL Weißweinessig
- 5 EL Olivenöl
- Salz, Pfeffer
- 1 Prise Zucker

Zum Bestreuen und Garnieren:

- Oregano
- Salatblättchen

Gurken schälen, halbieren und in Scheiben schneiden. Paprika entkernen, halbieren und in Würfel schneiden. Tomaten halbieren und in Stücke schneiden. Zwiebeln schälen und in feine Ringe schneiden.
Den Schafskäse in dünne Scheiben schneiden und Oliven vorbereiten. Alle Zutaten auf einer großen Platte anrichten.

Für das Dressing Essig mit Salz, Pfeffer und Zucker verrühren. Olivenöl zugeben und alles gut vermengen. Über den Salat träufeln und mit Oregano bestreuen.
Mit Salatblättchen garniert servieren.

Für 4 Personen:

- 4 Eier
- Salz, Pfeffer
- 500 g Tomaten
- 1 Salatgurke
- 1 grüne Paprikaschote
- 2 Frühlingszwiebeln
- 1 Dose (220 g) weiße Bohnen
- 12 Sardellenfilets
- 150 g schwarze Oliven
- 6 EL Olivenöl
- Basilikumblätter

Eier etwa 8-10 Minuten hart kochen, dann in kaltem Wasser abschrecken und abkühlen lassen. Schälen und in Achtel schneiden.

Tomaten halbieren, den Stängelansatz entfernen und ebenfalls in Achtel schneiden. Mit etwas Salz würzen. Gurke schälen und in dünne Scheiben schneiden. Paprika halbieren, entkernen und in dünne Ringe schneiden. Frühlingszwiebeln putzen und ebenfalls in feine Ringe schneiden. Bohnen abtropfen lassen. Sardellenfilets mit klarem Wasser abspülen, halbieren und aufrollen.

Die Zutaten auf einer Platte anrichten, Oliven drauflegen, mit Salz und Pfeffer würzen und mit Öl beträufeln.
Mit gehackten Basilikumblättern garnieren.

Überbackene Käsesteaks

Für 4 Personen:

- 4 Scheiben Schweinenackensteaks
- Salz
- edelsüßes Paprikapulver
- 1 EL geschmacksneutrales Öl
  (z. B. Sonnenblumenöl)
- 8 Scheiben geräucherter Bauchspeck (Bacon)
- 4 Scheiben Gouda-Käse

Die Steaks leicht klopfen und mit Salz und Paprikapulver würzen. Von beiden Seiten mit Öl bestreichen und auf ein mit Alufolie ausgelegtes Backblech legen. In den auf 240 °C vorgeheizten Backofen schieben und etwa 15-20 Minuten backen.

Inzwischen die Speckscheiben halbieren und den Käse in ca. 1,5 cm breite Streifen schneiden. Erst die Speckstreifen, dann die Käsestreifen gitterartig auf die Steaks legen und nochmals 10 Minuten überbacken.

Putenbrustfilet indische Art

Für 4 Personen

- 600 g Putenbrustfilet
- Salz, schwarzer Pfeffer
- edelsüßes Paprikapulver
- 2 EL Öl
- 600 g Tiefkühl-Pfannengemüse (asiatisch)
- 8 EL Orangensaft
- 20 g ungesalzene Erdnüsse
- 5 EL Crème fraîche
- 1 TL Curry
- 1/2 TL gemahlener Koriander
- 50 ml Sahne

Putenbrustfilet waschen, trocken tupfen und in Streifen schneiden. Mit Salz, Pfeffer und Paprikapulver würzen und in einer Pfanne mit heißem Öl anbraten.
Pfannengemüse zugeben, mit Orangensaft aufgießen und etwa 10 Minuten dünsten.
Erdnüsse und Crème fraîche zugeben und mit Salz, Pfeffer, Koriander und Curry abschmecken.

Das Putenbrustfilet aus der Pfanne nehmen und warm stellen.
Sahne in die Soße geben, etwas einkochen lassen und noch einmal abschmecken.

Dazu Reis servieren.

Saltimbocca mit Zucchinisoße

Für 2 Personen:

- 2 Kalbsschnitzel
- Salz, Pfeffer
- 2 Scheiben Parmaschinken
- 4 Salbeiblätter
- 1 EL Öl
- 1 kleine Zucchini
- 50 ml Fleischbrühe
  (nach dem Grundrezept in diesem Buch)
- 50 ml Weißwein
- 50 ml Sahne
- 250 g Schnellkochreis
- Salbeiblätter zum Garnieren

Schnitzel flach klopfen und mit Salz und Pfeffer würzen. Parmaschinken und Salbeiblätter auf die Schnitzel legen, zusammenklappen und mit einem Holzstäbchen feststecken. In einer Pfanne mit heißem Öl von beiden Seiten anbraten.
Zucchini waschen, evtl. schälen und in Streifen schneiden. Zu den Schnitzeln geben und andünsten. Mit Brühe und Weißwein ablöschen und etwa 7 Minuten garen. Die Schnitzel aus der Pfanne nehmen und warm stellen. Sahne in die Soße geben, cremig einkochen lassen und mit Salz und Pfeffer abschmecken.
Den Reis nach Packungsanleitung in Salzwasser kochen, dann in einem Sieb abtropfen lassen. Reis und Schnitzel auf Tellern anrichten. Mit der Soße umgießen und mit Salbeiblättchen garniert servieren.
Statt Zucchini können auch andere Gemüsearten verwendet werden. Gut machen sich auch Champignons.

Pikanter Hackfleischtopf

Für 4 Personen:

- 2 Zwiebeln
- 2 Stangen Lauch
- 2 EL Öl
- 500 g gemischtes Hackfleisch
- 6 EL Tomatenmark
- 250 ml Fleischbrühe
  (nach dem Grundrezept in diesem Buch)
- Salz
- 1 gehäufter TL edelsüßes Paprikapulver
- 1/4 l saure Sahne

Zwiebeln schälen und würfeln, Lauch putzen und in feine Ringe schneiden. Zwiebeln in einem Topf mit heißem Öl andünsten, Hackfleisch zugeben und anbraten. Lauch zugeben und kurz mitdünsten. Mit Fleischbrühe aufgießen und mit Salz und Paprikapulver würzen. 15 Minuten köcheln lassen, dabei öfter umrühren.

Am Schluss die Soße mit saurer Sahne verfeinern.

Dazu Nudeln servieren.

Putenschnitzel in Orangensoße

Für 4 Personen:

- 4 Putenschnitzel
- Salz, Pfeffer
- Currypulver
- 4 Orangen
- 2 Zwiebeln
- 2 EL Öl
- 250 ml Sahne
- 3 EL Orangenlikör

Putenschnitzel mit Salz, Pfeffer und Currypulver würzen. Von 2 Orangen den Saft auspressen, mit einem Teil davon die Schnitzel beträufeln und etwa eine halbe Stunde ziehen lassen.

Von den restlichen beiden Orangen die Schale mit einem scharfen Messer rundherum abschneiden und die Filets vorsichtig herauslösen. Den ausgetretenen Saft auffangen und zum übrigen Orangensaft geben. Zwiebeln schälen und würfeln.

Schnitzel in einer Pfanne mit heißem Öl von beiden Seiten braten und warm stellen. Zwiebeln in den Bratfond geben und andünsten. Sahne und den restlichen Orangensaft zugeben, aufkochen und mit Salz und Pfeffer abschmecken. Mit Orangenlikör verfeinern.

Das Fleisch und die Orangenfilets in die Soße legen und kurz erwärmen.

Dazu Reis servieren.

Frikadellen

Für 3 Personen:

- 1 altbackenes Brötchen
- warmes Wasser oder Milch zum Einweichen des Brötchens
- 1 Zwiebel
- 1 Knoblauchzehe
- 1 Bund Petersilie
- 500 g Hackfleisch vom Rind
  (oder Rind und Schwein gemischt)
- Salz, Pfeffer
- edelsüßes Paprikapulver
- Öl oder Butterschmalz

Brötchen in warmem Wasser einweichen, gut ausdrücken und fein zerpflücken.

Zwiebel und Knoblauch schälen und fein würfeln, Petersilie waschen und fein schneiden.

Brötchen, Zwiebeln, Knoblauch und Petersilie mit dem Hackfleisch gut vermischen und mit Salz, Pfeffer und Paprikapulver abschmecken.

Aus der Hackfleischmasse Küchlein formen, etwas flachdrücken und in einer Pfanne mit heißem Öl oder Butterschmalz goldbraun ausbacken.

Tipp:

Für eine fettarme Variante legt man die Frikadellen auf ein Blech mit Backpapier und gart sie bei 180 °C (Umluft) im Backofen (je nach Größe der Küchlein dauert dies etwa 30 Minuten).

Bratwürste mit Stampfkartoffeln und Erbsen

Für 2 Personen:

- 400 g Kartoffeln
- ca. 200 ml heiße Milch
- 40 g Butter
- 200 g Doppelrahmfrischkäse mit Kräutern
- 1 kleine Dose Erbsen (ca. 300 g)
- Salz, Pfeffer, Muskat
- 2 Paar grobe Bratwürste (Rostbratwürste)
- 1 TL Öl

Kartoffeln schälen, in Würfel schneiden und in Salzwasser kochen.

Dann in ein Sieb abgießen und noch heiß mit einem Stampfer zerdrücken. Heiße Milch und Butter sorgfältig unterrühren.

Frischkäse und Erbsen unterheben und kurz durchziehen lassen. Mit Salz, Pfeffer und Muskat abschmecken.

In der Zwischenzeit die Bratwürste in einer Pfanne mit heißem Öl 8-10 Minuten braten und mit den Stampfkartoffeln servieren.

Steaks mit Kräuterbutter

Für 2 Personen:

- 250 g Langkornreis
- 2-3 Tomaten
- 1 Zwiebel
- 2 Schweinesteaks
- Salz, Pfeffer
- 4 Scheiben Kräuterbutter
- 2 EL Olivenöl

Reis nach Packungsanleitung in Salzwasser kochen.

Tomaten waschen, halbieren, die Stielansätze entfernen und die Hälften in Scheiben schneiden. Zwiebel schälen und in Ringe schneiden.

Tomatenscheiben und Zwiebelringe fächerartig auf einem halben Tellerrand anrichten. Mit Salz bestreuen.

Die Steaks in einer Pfanne mit Olivenöl von beiden Seiten etwa 5-7 Minuten braten und mit Salz und Pfeffer würzen.
Den Reis in ein Sieb abgießen, gut abtropfen lassen und gegenüber den Tomaten und Zwiebeln auf der anderen Tellerhälfte anrichten. Je ein Steak in die Mitte geben und mit jeweils 2 Scheiben Kräuterbutter belegen.

Asiatische Fleischspieße

Für 4 Personen:

- 700 g Tiefkühl-Brokkoli
- 500 g Schweinefilet
- 125 g Speck
- 4 Holzspieße
  (Schaschlikspieße)
- Salz, Pfeffer
- edelsüßes Paprikapulver
- 2 EL geschmacksneutrales Öl
  (z. B. Sonnenblumenöl)

Für die Soße:
- 1 Knoblauchzehe
- 120 ml Sojasoße
- 4 EL Essig
- 30 g kalte Butter
- 20 g Zucker
- Salz

Brokkoli antauen lassen, Schweinefilet würfeln, Speck in kleine Scheiben schneiden. Alle Zutaten abwechselnd auf die Schaschlikspieße stecken. Mit Salz, Pfeffer und Paprika bestreuen und in einer Pfanne mit heißem Öl von allen Seiten mehrere Minuten braten.

Für die Soße Knoblauch schälen und durchpressen, mit Sojasoße und Essig aufkochen. Zur Bindung etwas kalte Butter flöckchenweise mit dem Schneebesen einrühren. Bei Bedarf mit Salz abschmecken.
Die Spieße mit Soße auf einem Teller anrichten.

Dazu Reis servieren.

Koteletts mit Soße

Für 4 Personen:

- 4 Schweinekoteletts
- 2 EL geschmacksneutrales Öl
  (z. B. Sonnenblumenöl)
- Salz, Pfeffer
- 250 ml Wasser
- 125 ml Weißwein
- 1-2 TL Bratfond
- 1 Stückchen sehr kalte Butter

Koteletts in einer Pfanne mit heißem Öl von beiden Seiten etwa 5-7 Minuten anbraten. Mit Salz und Pfeffer würzen, aus der Pfanne nehmen und warm stellen.

Den Bratensatz in der Pfanne mit Wasser und Weißwein ablöschen. Bratenfond einrühren und aufkochen.

Die Soße etwas einkochen lassen, dann ein Stückchen Butter mit dem Schneebesen einrühren und auf diese Weise die Soße etwas binden. Mit Salz und Pfeffer abschmecken.

Mit Weißbrot und Salat servieren.

Hähnchenschnitzel mit Kartoffelpüree und Tomatensalsa

Für 4 Personen:

- 1000 g Kartoffeln (mehlig kochend)
- 4 Hähnchenschnitzel
- Salz, Pfeffer
- 3 EL Olivenöl
- 200 ml Sahne
- 400 ml Milch
- Muskat
- kalte Butter
- Tomatensalsa (nach dem Rezept in diesem Buch)

Kartoffeln schälen, in Spalten oder grobe Würfel schneiden und in Salzwasser weichkochen.

Die Hähnchenschnitzel mit Salz und Pfeffer würzen und in einer Pfanne mit heißem Öl von beiden Seiten etwa 4-6 Minuten goldbraun braten.

Die Kartoffeln abgießen und durch eine Presse drücken. Milch und Sahne erhitzen, Salz und Muskat zugeben und mit ein paar Butterflöckchen unter die Kartoffeln rühren, sodass ein sämiges Püree entsteht. Mit Salz nochmals abschmecken.
Mit der Tomatensalsa servieren.

Fisch

Lachsfilet mit Spinat

Für 4 Personen:

- 4 Scheiben Lachsfilet mit Haut
- Salz
- 30 g Mehl
- 3 EL Öl
- 2 EL Honig
- 1 Zwiebel
- 1 EL Butter
- 1 Päckchen Tiefkühl-Blattspinat
- 150 ml Sahne
- Chilischote (nach Geschmack)
- 100 g Parmesan

Lachsfilets mit Salz würzen, in Mehl wenden und in einer Pfanne mit heißem Öl auf der Hautseite gut anbraten. Mit der Hautseite nach unten auf einen Teller legen und die Oberfläche mit Honig bestreichen. Im vorgeheizten Backofen bei 100 °C etwa 15-20 Minuten garen.

Zwiebel schälen und fein würfeln. In einem Topf mit Butter anschwitzen und den Spinat zugeben. Bei kleiner Hitze unter häufigem Rühren auftauen lassen. Sahne, Salz und nach Geschmack fein gehackte Chilischote zugeben und etwa 7 Minuten köcheln lassen. Parmesan zugeben und mit dem Mixstab fein pürieren.

Lachsfilets mit dem Spinat auf Tellern anrichten.

Bandnudeln mit Garnelen und Käsesoße

Für 4 Personen:

- 250 g Bandnudeln
- 1 Fenchelknolle
- 3 Frühlingszwiebeln
- 1 Knoblauchzehe
- 300 g Garnelen
- 2 EL Öl
- 150 ml Gemüsebrühe
  (nach dem Grundrezept in diesem Buch)
- 100 g Schmelzkäse
- 4 EL Crème fraîche
- 1/2 TL Dillspitzen
- Salz, Pfeffer
- 50 g Walnusskerne
- Dillzweige zum Garnieren

Nudeln in Salzwasser bissfest kochen.

Fenchel und Frühlingszwiebeln putzen, waschen und in Streifen schneiden. Die Knoblauchzehe schälen und durch die Presse drücken.

Garnelen waschen, trocken tupfen und mit Knoblauch in einer Pfanne mit heißem Öl kurz anbraten. Fenchel und Frühlingszwiebeln zugeben, mit Brühe angießen und etwa 10 Minuten bei milder Hitze dünsten.

Anschließend Schmelzkäse und Crème fraîche hinzufügen, in der Soße schmelzen lassen und mit Dillspitzen, Salz und Pfeffer abschmecken.
Die Nudeln in einem Sieb abtropfen lassen und mit der Soße auf Tellern anrichten.
Mit gehackten Walnusskernen bestreuen und mit Dillzweigen garnieren.

Seelachsfilet mit Gemüse

Für 4 Personen:

- 600 g Kartoffeln
- 1 Zwiebel
- 1 Knoblauchzehe
- 3 EL Olivenöl
- 100 ml Weißwein
- 100 ml Fischfond
- 4 Tiefkühl-Seelachsfilets
- 120 ml Sahne
- 2 Tomaten
- 1 kleine Handvoll Basilikumblätter
- 30 g Butter
- Salz, Pfeffer

Kartoffeln schälen, in Würfel schneiden und in Salzwasser weich kochen. Zwiebel und Knoblauch schälen und fein würfeln. In einem Topf mit 1 EL Olivenöl leicht dünsten. Fischfond und Weißwein zugießen und einkochen lassen.

Seelachsfilets in einer Pfanne mit dem restlichen Olivenöl von beiden Seiten braten, zum Schluss mit Salz würzen und im Backofen warmhalten.

Sahne in die Soße geben.

Die Tomaten am unteren Ende kreuzweise einschneiden, etwa 2 Minuten in kochendes Wasser legen, dann herausnehmen und mit kaltem Wasser abschrecken. Den Stängelansatz herausschneiden und die Haut abziehen. Die Kerne entfernen und das Fruchtfleisch in Würfel schneiden.

Basilikum hacken, mit den Kartoffeln, Tomaten und Butter in einen Topf geben, erwärmen und mit Salz und Pfeffer abschmecken.

Gemüse auf Teller geben und die Seelachsfilets darauf anrichten.

Rotbarschfilet mit Basilikum

Für 4 Personen:

- 4 Rotbarschfilets
- 2 große Zucchini
- 4 Tomaten
- 1 Brötchen
- 150 g Crème fraîche
- 2 kleine Zwiebeln
- 2 EL Basilikum
- Salz, Pfeffer

Rotbarschfilets mit einem Küchenkrepp trocken tupfen und mit Salz und Pfeffer würzen.

Zucchini schälen, bei Bedarf entkernen und in Scheiben schneiden. Tomaten halbieren, die Stängelansätze entfernen und die Hälften in Scheiben schneiden.

Zucchini und Tomaten abwechselnd in eine Auflaufform schichten und mit Salz und Pfeffer würzen. Die Fischfilets der Länge nach darauflegen.

Brötchen würfeln und Basilikum in Streifen schneiden.
Brötchenwürfel, Crème fraîche und Basilikumstreifen verrühren und auf dem Fischfilet verteilen.
Im vorgeheizten Backofen bei 170 °C etwa 25-30 Minuten backen.

Kabeljau auf Tomatensoße

Für 4 Personen:

- 2 Eier
- 100 g Parmesan
- 4 Scheiben Kabeljaufilet
- Salz, Pfeffer
- 3-4 EL Mehl
- 3 EL Olivenöl
- Tomatensoße
  (nach dem Grundrezept in diesem Buch)

Eier mit Parmesan verrühren und mit Pfeffer würzen.
Kabeljaufilets salzen und erst in Mehl, dann in der Ei-Käsemischung wenden.

In einer Pfanne mit heißem Olivenöl von jeder Seite etwa 3-4 Minuten goldgelb braten.

Die Tomatensoße erwärmen und zu den Kabeljaufilets reichen.

Mit Nudeln oder Reis servieren.

Lachs auf italienischen Nudeln

Für 4 Personen:

- 500 g Schmetterlingsnudeln (Farfalle)
- 2 kleine Zwiebeln
- 3 EL Olivenöl
- 400 ml Fischfond
- 4 EL Limettensaft
- 250 g Mascarpone
- 30 g Mehl
- Salz, Pfeffer
- 200 g Zuckerschoten
- 20 g Butter
- 400 g Lachsfilet
- Dill

Nudeln in einem Topf mit Salzwasser nach Packungsanweisung kochen. Zwiebeln schälen und klein würfeln. In einer Pfanne mit 1 EL Olivenöl andünsten. Mit Fischfond aufgießen und Limettensaft zufügen. Etwa 10 Minuten köcheln lassen. 200 g Mascarpone unterrühren und aufkochen lassen. Den restlichen Mascarpone mit Mehl verrühren, zugeben und erneut aufkochen lassen, bis die Soße bindet. Mit Salz und Pfeffer würzen.

Die Zuckerschoten waschen, putzen und in einer Pfanne mit Butter schwenken, bis sie bissfest sind. Mit Salz und Pfeffer abschmecken.

Lachsfilet würfeln und mit Salz und Pfeffer würzen.

Öl in einer Pfanne erhitzen, Lachswürfel zufügen und ein paar Minuten braten.

Die Nudeln in ein Sieb gießen, abtropfen lassen und mit dem Lachs und den Zuckerschoten auf Tellern anrichten. Mit der Mascaponesoße umgießen.

Mit Dill garnieren.

Feiner Matjeshering

Für 4 Personen:

- 6 Matjesfilets
- 1 Zwiebel
- 2 Äpfel
- 2 Gewürzgurken
- 200 g Schmand
  (ersatzweise saure Sahne)
- 350 g Magerquark
- Salz, Pfeffer
- 1 Bund Dill

Matjes wässern, dann mit einem Küchenkrepp trocken tupfen und in mundgerechte Stücke schneiden.

Zwiebel schälen und in dünne Scheiben schneiden. Äpfel schälen entkernen, vierteln und in dünne Scheiben schneiden. Gurken abtropfen lassen und in Scheiben schneiden.

Schmand und Quark verrühren und Matjes, Zwiebeln, Gurken- und Apfelscheiben unterheben. Mit Salz und Pfeffer würzen und 1-2 Stunden ziehen lassen.

Dill abzupfen, fein hacken und unterheben.

Mit Schwarzbrot servieren.

Aus dem Backofen

Für 4 Personen:

- 1 kleinerer Wirsingkohl
- 700 g festkochende Kartoffeln
- 750 ml Gemüsebrühe
- 1 Zwiebel
- 1 TL Öl
- 500 g gemischtes Hackfleisch
- Salz, Pfeffer
- 1 EL gehackte Petersilie
- 2 Becher (à 150 g) Crème fraîche
- 3 Eier
- 100 g geriebener Emmentaler Käse
- Butterflöckchen

Vom Wirsing die äußeren Blätter entfernen, den Kopf halbieren, den Strunk herausschneiden und die Kohlhälften in schmale Streifen schneiden.
Kartoffeln schälen, in gleichmäßig dünne Scheiben schneiden und in der Gemüsebrühe ca. 8 Minuten kochen. Dann mit dem Schaumlöffel aus der Brühe nehmen und auf einem Sieb gut abtropfen lassen.
Den Wirsing in die Brühe geben und ca. 3 Minuten garen. In ein anderes Sieb als die Kartoffeln schütten und ebenfalls gut abtropfen lassen.
Die abgetropften Kartoffeln gleichmäßig in einer gefetteten Auflaufform verteilen.
Zwiebel schälen, in feine Würfel schneiden und in einer Pfanne mit heißem Öl glasig dünsten. Hackfleisch zugeben, krümelig braten und mit Salz und Pfeffer würzen. Petersilie hinzufügen, kurz dämpfen und alles etwas abkühlen lassen. Dann zusammen mit dem Wirsing über die Kartoffeln in der Auflaufform verteilen.

Für den Guss Crème fraîche mit Eiern, Salz und Pfeffer mit dem Schneebesen gut verrühren und gleichmäßig über den Auflauf gießen. Mit dem geriebenen Käse bestreuen und mit ein paar But-terflöckchen belegen.
Im vorgeheizten Backofen bei 200 °C etwa 25-30 Minuten goldbraun überbacken.

Gegrillter Schafskäse

Für 4 Personen:

- 2 Knoblauchzehen
- 1 Bund Thymian
- 1 TL frischer Pfeffer grob zerstoßen
- 5 EL Olivenöl
- 4 Scheiben Schafskäse

Die Knoblauchzehen schälen und in dünne Scheiben schneiden. Thymian abbrausen, trocken schütteln und die Blättchen von den Stängeln abzupfen.
Knoblauch, Thymian und Pfeffer mit Olivenöl mischen und über dem Schafskäse verteilen.
Die Käsescheiben etwa 2 Stunden durchziehen lassen, dann einzeln in Alufolie einwickeln und gut verschließen.
Auf ein rechteckiges Backblech mit Backpapier legen und im vorgeheizten Backofen unter dem heißen Grill etwa 10 Minuten backen.

Dazu Feldsalat servieren.

Pizza Salami

Für ein großes rechteckiges Backblech:

- Pizzateig und Pizzasoße
  (nach den Grundrezepten in diesem Buch)

Für den Belag;

- 100 g Champignons
- 50 g schwarze Oliven, entkernt
- 2 Fleischtomaten
- 250 g Mozzarella
- 100 g Salami (in dünnen Scheiben)

Pizzateig und Pizzasoße nach der Anleitung im Kapitel „Grundprodukte" zubereiten.

Champignons putzen, die Haut abziehen und in Scheiben schneiden, Oliven halbieren. Tomaten halbieren, den Stängelansatz entfernen und die Hälften in dünne Scheiben schneiden. Mozzarella gut abtropfen lassen und in Scheiben schneiden.

Den Pizzateig auf einem rechteckigen Backblech in der gewünschten Stärke ausrollen und gleichmäßig mit der Soße bestreichen.

Den bestrichenen Teig mit allen Zutaten belegen und im vorgeheizten Backofen bei 200 °C etwa 30 Minuten backen.

Knuspriger Nudelauflauf

Für 4 Personen:

- 350 g kurze Nudeln
  (z. B. Hörnchen)
- 1 Zwiebel
- 1 TL Öl
- 300 g gekochter Schinken
- 1 Glas Champignons in Scheiben
- 2 EL Petersilie
- 2 EL Schnittlauch
- 250 g Erbsen (gekocht)
- 100 g geriebener Emmentaler
- 3 Eier
- 300 g saure Sahne
- Butterflöckchen

Die Nudeln in reichlich Salzwasser bissfest kochen, in ein Sieb abgießen und gut abtropfen lassen.

Zwiebel fein schneiden und in einer Pfanne mit heißem Öl glasig dünsten. Schinken würfeln, zu den Zwiebeln geben, kurz anbraten und etwas abkühlen lassen. Champignons gut abtropfen lassen. Schnittlauch und Petersilie fein schneiden. Alles mit den Erbsen und die Hälfte des Käses zu den Zwiebeln geben und vermischen.

Eier mit saurer Sahne verrühren und mit Salz und Pfeffer pikant abschmecken.

In einer gefetteten Auflaufform Nudeln und die Schinken-Käse-Gemüse-Mischung vermengen und mit der Eiersahne übergießen. Mit dem restlichen Käse bestreuen und mit Butterflöckchen belegen.

Im vorgeheizten Backofen bei 200 °C 25-30 Minuten goldgelb überbacken, bis der Käse eine Kruste bildet.

Italienischer Nudelauflauf

Für 4 Personen:

- 2 Zwiebeln
- 1 Aubergine
- 100 g Champignons
- 150 g Mortadella
- 2 EL Olivenöl
- 2 Knoblauchzehen
- 2 EL Tomatenmark
- 120 g pürierte Tomaten
- 120 ml Weißwein
- 250 g Penne (schräg abgeschnittene Röhrennudeln)
- Salz, Pfeffer
- 2 TL Majoran
- 125 ml Sahne
- 125 g Mozzarella

Zwiebel schälen und hacken. Aubergine putzen und in Würfel schneiden. Champignons mit einem Tuch abreiben und in Scheiben schneiden. Knoblauch schälen und durch die Presse drücken oder fein hacken. Mortadella in Streifen schneiden. Alle vorbereiteten Zutaten in einer Pfanne mit heißem Olivenöl anbraten. Tomatenmark und pürierte Tomaten zugeben, mit Weißwein ablöschen und etwa 12 Minuten köcheln lassen.
Penne in Salzwasser nach Packungsanleitung bissfest kochen.
Majoran fein schneiden und mit der Sahne in die Soße geben. Mit Salz und Pfeffer würzen. Die Penne in ein Sieb abgießen, abtropfen lassen, mit der Soße vermischen und in eine Auflaufform geben. Mozzarella in Scheiben schneiden und auf dem Auflauf verteilen.
Im vorgeheizten Backofen bei 200 °C 10-12 Minuten goldgelb überbacken. Nach Belieben noch ein paar Minuten den Grill zuschalten.

Kohlrabiauflauf

Für 4 Personen:

- 1 kg Kohlrabi
- 1/4 l Gemüsebrühe (nach dem Grundrezept in diesem Buch)
- 50 g Butter
- 40 g Mehl
- 1/4 l Milch
- Salz, Pfeffer, Muskat
- 400 g Hähnchenbrustfilet
- 150 g geriebener Emmentaler
- 1/2 Bund Petersilie

Kohlrabi schälen, halbieren und in Scheiben schneiden. Brühe aufkochen und die Kohlrabischeiben darin etwa 12-14 Minuten zugedeckt garen. Durch ein Sieb abgießen und Brühe auffangen.

Butter in einem Topf zerlassen, Mehl zugeben und leicht anrösten. Mit Kohlrabibrühe und Milch aufgießen und mit einen Schneebesen glatt rühren. Mit Salz, Pfeffer und Muskat würzen und etwa 8-10 Minuten köcheln lassen.

Hähnchenbrustfilet in Streifen schneiden, mit Salz und Pfeffer würzen.

Eine Auflaufform mit Butter ausstreichen, Kohrabischeiben und Hähnchenstreifen einschichten. Soße darüber verteilen und mit Käse bestreuen. Im vorgeheizten Backofen bei 200 °C etwa 25-20 Minuten backen. Mit gehackter Petersilie bestreuen.

Tipp:
Statt Hähnchenfleisch kann auch Kassler oder Fleischwurst eingeschichtet werden.

Gemüsegratin

Für 4 Personen:

- 2 Kohlrabi
- 500 g Kartoffeln
- 5 Möhren
- 2 kleine Stangen Lauch
- 3 EL Öl
- Salz, Pfeffer
- 1/8 l Gemüsebrühe
  (nach dem Grundrezept in diesem Buch)
- 1 Becher Schmand
- Basilikum gerebelt (zu finden im Gewürzregal)
- 1/2 Bund glatte Petersilie
- 150 g geriebener Gouda-Käse
- Butterflöckchen

Kohlrabi, Kartoffeln und Möhren schälen und in Scheiben schneiden. Lauch waschen und in Ringe schneiden.
Öl in einem Topf erhitzen und das Gemüse andünsten. Mit Salz und Pfeffer würzen, Brühe angießen und etwa 12 Minuten zugedeckt dünsten.

Schmand, Basilikum und gehackte Petersilie zugeben und die Masse in eine feuerfeste Form geben. Mit geriebenem Käse bestreuen und mit Butterflöckchen belegen.

Im vorgeheizten Backofen bei 180-200 °C etwa 30 Minuten backen.

Tipp:
Es kann auch anderes Gemüse und Mozzarella anstatt Gouda verwendet werden.

Überbackenes Baguette

Für 4 Personen:

- 1 Stangenweißbrot (Baguette)
- 100 g gekochter Schinken
- 200 g Gouda-Käse
- 2 hartgekochte Eier
- 1 Zwiebel
- 2 EL Petersilie
- 2 EL Schnittlauch
- 250 g Crème fraîche
- Salz, Pfeffer
- edelsüßes Paprikapulver

Brot in Scheiben schneiden und auf ein rechteckiges Blech mit Backpapier legen.
Schinken würfeln, Käse reiben. Die hartgekochten Eier schälen und in Würfel schneiden. Zwiebel fein hacken. Petersilie und Schnittlauch fein schneiden.
Alle anderen Zutaten mit Crème fraîche vermischen und mit Salz, Pfeffer und Paprikapulver würzen. Die Brotscheiben gleichmäßig damit bestreichen und im vorgeheizten Backofen bei 160 °C etwa 20 Minuten überbacken.

Tipps:

- Als Beilage Salat servieren.
- Der Belag bietet mit anderen Zutaten eine Vielzahl von Variationsmöglichkeiten, zum Beispiel mit Salami statt Schinken, fein gewürfelten Paprikaschoten, Champignons oder Tomaten.

Makkaroniauflauf

Für 4 Personen:

- 250 g Makkaroni
- 1 kleines Glas Champignons in Scheiben
- 250 g Fleischwurst
- 1 Dose (400 g) Pizzatomaten
- 3 Eier
- 200 ml Milch
- Salz, Pfeffer
- 1 TL Kräuter der Provence
- 1 EL Semmelbrösel
- Butterflöckchen

Makkaroni 3-4 Mal durchbrechen und in Salzwasser bissfest garen. Dann in ein Sieb abgießen und abtropfen lassen.
Champignons abgießen und abtropfen lassen. Fleischwurst enthäuten und in Würfel schneiden. Pilze und Wurst mit den Makkaroni mischen und in eine gefettete Auflaufform geben.
Pizzatomaten zugeben und etwas untermischen.

Für den Guss Eier und Milch mit dem Schneebesen verquirlen und mit Salz, Pfeffer und Kräutern würzen. Über die Zutaten in der Auflaufform gießen. Semmelbrösel darüberstreuen und mit Butterflöckchen belegen.

Im vorgeheizten Backofen bei 200-220 °C etwa 30-35 Minuten backen.

Nudeln, Reis, Kartoffeln & Gemüse

Spätzletopf

Für 4 Personen

- 2 Zwiebeln
- 2 Knoblauchzehen
- 400 g Fleischwurst
- 3 EL Öl
- 1 große Dose passierte Tomaten
- 20 g Suppengewürz
  (nach dem Grundrezept in diesem Buch)
- 400 g Spätzle (Trockenware)
- Salz
- 200 g geriebener Parmesan

Zwiebel schälen und klein würfeln, Knoblauch schälen und durchpressen. Fleischwurst in Würfel schneiden, mit Zwiebeln und Knoblauch in einem Topf mit heißem Öl wenige Minuten andünsten. Passierte Tomaten und Suppengewürz zugeben und ein paar Minuten köcheln lassen. Mit Salz abschmecken.

Spätzle nach Packungsanleitung in Salzwasser kochen, in einem Sieb abtropfen lassen, in eine Schüssel geben und vorsichtig mit der Soße vermischen.

Parmesan darüberstreuen und sofort servieren.

Käsespätzle

Für 2 Personen:

- 250 g Spätzle (Trockenware)
- Salz
- 200 g geriebener Emmentaler Käse
  (ersatzweise Bergkäse oder mittelalter Gouda)
- 1 Handvoll Schnittlauch

Spätzle in Salzwasser nach Packungsanweisung kochen.

Wenn sie fertig sind, mit einem Schaumlöffel aus dem Kochwasser her-ausheben, schichtweise in eine erwärmte Auflaufform geben und jede Schicht mit Käse bestreuen.

Nach der letzten Schicht Käse alles mit Schnittlauch bestreuen und sofort servieren.

Dazu einen gemischten Salat reichen.

Tipps:

- Manche Köchinnen stellen die Auflaufform auch kurz in den heißen Backofen, damit der Käse besser zerlaufen kann. Der Käse sollte jedoch keine harte Kruste bilden, sondern weich bleiben.

- Statt Schnittlauch können am Schluss auch geröstete Zwiebeln über die Käsespätzle gegeben werden. Dafür 2 Zwiebeln in Ringe schneiden und in Butter oder Margarine goldgelb braten. Gleichmäßig über die Käsespätzle verteilen.
  Wer möchte, kann auch noch das Bratfett darüberträufeln.

Nudeln mit Erbsen und Schinken

Für 4 Personen:

- 150 g gekochter Schinken
- 2 kleine Zwiebeln
- 300 g Tiefkühl-Erbsen
- 40 g Butter
- 100 g Sahne
- 100 g geriebener Parmesankäse
- Salz, Pfeffer
- 500 g grüne Bandnudeln

Schinken würfeln. Zwiebeln schälen, in feine Ringe schneiden und in einem Topf mit 20 g Butter anbraten. Dann die Erbsen zugeben und mit Salz und Pfeffer würzen. Die Hälfte der Sahne zugießen. Zugedeckt etwa 10 Minuten köcheln lassen.

Dann die restliche Butter und Sahne zu den Erbsen geben und den Schinken unterrühren.

Nudeln in Salzwasser bissfest kochen und in ein Sieb abgießen. Mit der Soße vermischen und sofort servieren.

Tipps:

- Ist die Soße zu dünn, kann sie mit etwas Speisestärke, die in kaltem Wasser angerührt wurde, angedickt werden.

- Natürlich können für dieses Gericht auch normale Bandnudeln verwendet werden. Die grünen Nudeln schmecken hierzu jedoch herzhafter.

Spaghetti Carbonara

Für 4 Personen:

- 500 g Spaghetti
- 3 Knoblauchzehen
- 180 g geräucherter Speck
- 6 EL Olivenöl
- 4 Eier
- 200 g Sahne
- 100 g Schafskäse
- Salz, Pfeffer

Spaghetti in Salzwasser bissfest kochen.

Knoblauch schälen und fein hacken, Speck würfeln. Knoblauch in einer Pfanne mit heißem Öl scharf anbraten und anschließend mit einer Gabel herausnehmen. Speckwürfel in die Pfanne geben und anbraten.

Die Spaghetti in ein Sieb abgießen, in die Pfanne zum Speck geben und unter Rühren erhitzen.

Käse mit der Gabel zerdrücken, mit Eiern und Sahne verquirlen und mit Salz und Pfeffer würzen.

Die Spaghetti in eine Servierschüssel geben, die Ei-Käse-Masse darübergießen und unterheben.

Walnuss-Tortellini

Für 2 Personen:

- 250 g Tortellini mit Fleischfüllung (aus dem Frischeregal)
- Salz
- 3 Knoblauchzehen
- 60 ml Olivenöl
- 100 g halbierte Walnusskerne
- 50 g gehackte Walnusskerne
- 70 ml Sahne
- 1 EL Majoran

Tortellini nach Packungsanleitung in Salzwasser kochen, in ein Sieb abgießen und abtropfen lassen.

Knoblauch schälen, fein hacken und in einer Pfanne mit Olivenöl andünsten.

Halbierte und gehackte Walnüsse zufügen, aufkochen lassen, nach 2 Minuten Sahne einrühren und noch einmal erhitzen.

Die Soße mit Salz und Majoran abschmecken und mit den Tortellini vermischen.

Maultaschen mit Feldsalat

Für 4 Personen:

- 4 Portionen Maultaschen (mit Fleischfüllung) aus dem Frischeregal
- 200 g Feldsalat
- 1 Schalotte
- 1 EL Essig
- 3 EL Öl
- Salatkräuter
- Salz, Pfeffer

Maultaschen in Streifen schneiden und bei mittlerer Hitze in Butterschmalz braten.

In der Zwischenzeit Salat putzen und in einem Sieb gut abtropfen lassen. Schalotte fein schneiden, mit Essig, Öl und Salatkräutern verrühren und mit Salz und Pfeffer würzen. Den Salat damit anmachen und zu den Maultaschen servieren.

Tipp:

Maultaschen lassen sich auf vielfältige Weise zubereiten.
Beispielsweise können sie im Ganzen in Fleischbrühe erhitzt und als Suppe serviert werden.

Oder man nimmt die heißen Maultaschen aus der Brühe heraus, gibt geröstete Zwiebelringe darüber und isst Kartoffelsalat dazu.

Lecker schmecken sie auch als Auflauf mit einer Käsesoße überbacken.

Spaghetti mit Spinatsoße

Für 2 Personen:

- 1 Zwiebel
- 2 EL Petersilie
- 20 g Butter
- 300 g Tiefkühl-Rahmspinat
- 1/8 l Sahne
- 200 g Blauschimmelkäse
- Salz, Pfeffer, Muskat
- 250 g Spaghetti

Zwiebel schälen und würfeln, Petersilie fein hacken.

Zwiebeln in Butter dämpfen, Petersilie mitdünsten und Spinat zugeben. Bei kleiner Hitze unter häufigem Rühren auftauen und einmal aufkochen lassen.
Sahne angießen und kurz aufkochen lassen.
Käse von der Rinde befreien und in Würfel schneiden. In der Spinatsoße schmelzen lassen und die Soße mit Salz, Pfeffer und Muskat würzen.

Spaghetti in Salzwasser bissfest kochen, in einem Sieb abtropfen lassen und in eine Schüssel geben.
Die Spaghetti mit der Spinatsoße gut vermischen und sofort servieren.

Tipp:

Ist die Spinatsoße zu dünn, kann sie mit etwas Speisestärke, die in kaltem Wasser angerührt wurde, angedickt werden.

Gratiniertes Kräuter-Kartoffelpüree

Für 4 Personen:

- 800 g mehlige Kartoffeln
- 2 Eier
- 2 EL Butter
- 2-3 EL Petersilie
- 2-3 EL Schnittlauch
- Salz, Muskat
- 50 g geriebener Emmentaler Käse
- Butterflöckchen

Kartoffeln schälen, in Salzwasser kochen, in ein Sieb abgießen und noch heiß durch die Kartoffelpresse drücken.

Sofort mit Eigelb, Butter und den fein geschnittenen Kräutern verrühren und mit Salz und Muskat würzen. Eiweiß steif schlagen und unter die Kartoffelmasse heben.

In eine gefettete Auflaufform füllen, glattstreichen, mit Käse bestreuen und mit Butterflöckchen belegen.

Im vorgeheizten Backofen bei 200 °C etwa 30 Minuten backen.

Bouillon-Kartoffeln

Für 4 Personen:
- 800 g Kartoffeln
- 300 g Möhren
- 2 Stangen Lauch
- 3 EL Öl
- 1 l Gemüsebrühe (nach dem Grundrezept in diesem Buch)
- Salz
- 1 Bund Schnittlauch

Kartoffeln schälen und in Würfel schneiden. Möhren schälen und in feine Scheiben schneiden. Lauch putzen und in dünne Ringe schneiden.

Alles Gemüse in einem Topf mit heißem Öl andünsten und mit einem Teil der Gemüsebrühe ablöschen. Etwa 15-20 Minuten gar köcheln lassen. Bei Bedarf noch Brühe nachgießen.

Am Schluss nach Belieben noch ein wenig Brühe zugießen, mit Salz abschmecken und mit Schnittlauch bestreuen.

Sofort servieren.

Nudeln mit Schinken und Mozzarella

Für 4 Personen:

- 500 g Bandnudeln, Salz
- 120 g gekochter Schinken
- 150 g Mozzarella
- 100 g geriebener Parmesan
- 40 g Butter

Nudeln in Salzwasser bissfest kochen. Schinken in Streifen und Mozzarella in Würfel schneiden. Beides in einer Schüssel mit Parmesan mischen. Nudeln abgießen, ein paar Löffel vom Nudelwasser auffangen und mit den Nudeln zu den Zutaten in die Schüssel geben. Butter zugeben und alles gut vermischen. Sofort servieren.

Gemüsepfanne China Art

Für 2 Personen:

- 50 g Cashewkerne
- 3 EL Öl
- 2 dünne Stangen Lauch
- 300 g chinesische Gemüsepfanne (Tiefkühl)
- 250 g Reis
- Salz, Pfeffer

Cashewkerne in einer Pfanne mit 1 EL Öl bei geringer Hitze kurz rösten und herausnehmen. Reis nach Packungsanleitung kochen. Lauch putzen und in Ringe schneiden. Zusammen mit dem aufgetauten Pfannengemüse im restlichen Öl etwa 5 Minuten dünsten. Dabei öfter wenden. Den gekochten Reis zugeben und in 3-4 Minuten fertig garen. Mit Salz und Pfeffer würzen und mit Cashewkernen bestreuen.

Bunte Gemüsepfanne

Für 4 Personen:

- 500 g Zucchini
- 1 Gemüsezwiebel
- 3 Knoblauchzehen
- 1 rote Paprikaschote
- 1 gelbe Paprikaschote
- 1 grüne Paprikaschote
- 1/2 milde Chilischote
- 5 EL Olivenöl
- Salz, Pfeffer, Majoran
- 1 Dose Pizzatomaten
- 2 Möhren
- 1 Bund glatte Petersilie

Zucchini waschen, halbieren, bei Bedarf entkernen und das Fruchtfleisch in Scheiben schneiden. Zwiebel schälen und grob würfeln. Knoblauch schälen und hacken.

Paprikaschoten putzen, halbieren, entkernen und in größere Stücke schneiden. Chilischote entkernen und in feine Ringe schneiden.
Alles Gemüse in einer Pfanne mit heißem Olivenöl andünsten und mit Salz, Pfeffer und Majoran würzen. Zugedeckt etwa 12 Minuten garen.

Pizzatomaten zugeben. Möhren schälen, grob reiben und über das Gemüse geben. Nochmals erhitzen und abschmecken. Zum Schluss mit gehackter Petersilie bestreuen.

Tipp:

Dazu Fladenbrot reichen.

Lauch mit Käsemayonnaise

Für 3 Personen:

- 600 g dünne Lauchstangen
- 100 g Mayonnaise
- 1 EL Sahne (oder Kondensmilch)
- 50 g geriebener Parmesankäse
- Salz, Pfeffer
- 1 Prise Zucker

Vom Lauch den Wurzelansatz und die grünen Enden abschneiden. Die weißen Stücke 1 x durchschneiden, in kochendes Salzwasser geben und etwa 10-12 Minuten garen. Mit dem Schaumlöffel herausnehmen, auf einem Sieb kurz abtropfen lassen, dann auf eine Servierplatte legen.

Während der Lauch gart, die Mayonnaise mit Sahne und Parmesankäse verrühren und mit Salz, Pfeffer und Zucker abschmecken. Die Lauchstangen damit übergießen.

Brotküchlein mit Käse

Für 4 Personen:

- 1 Möhre
- 1 kleine Zwiebel
- 50 g Champignons
- 1/2 Bund Petersilie
- 5 Brötchen vom Vortag
- 1/2 Tasse heiße Milch
- 2 Eier
- 2 EL Magerquark
- 80 g geriebener Emmentaler
- Salz, Pfeffer
- 1 EL Butterschmalz

Möhre schälen und würfeln, Zwiebel schälen, Champignons putzen und beides zusammen mit der Petersilie fein hacken. Brötchen in kleine Würfel schneiden, mit der heißen Milch übergießen und einweichen lassen.

Eier, Petersilie, Zwiebeln, Möhren, Champignons, Quark und Käse zugeben und alles gut vermengen. Mit Salz und Pfeffer abschmecken.
Küchlein in der Größe von Frikadellen formen und in einer Pfanne mit heißem Butterschmalz von beiden Seiten braten.

Spaghetti mit Basilikum-Pesto

Für 4 Personen:

- 4 Bund Basilikum
- 5 Knoblauchzehen
- 3 EL Pinienkerne
- Salz, Pfeffer
- 100 g geriebener Parmesankäse
- ca. 1/8 l gutes Olivenöl
- 500 g Spaghetti

Basilikum unter fließendem Wasser abbrausen und die Blätter abzupfen. Knoblauch schälen und mit dem Basilikum in den Mixer geben. Pinienkerne, Salz, Pfeffer, Käse und Olivenöl zugeben. Alles mit dem Mixer zerkleinern und zu einer geschmeidigen Paste verarbeiten.

Spaghetti in Salzwasser bissfest kochen, in einem Sieb abtropfen lassen und in eine Servierschüssel geben. Das Pesto darübergeben und gut vermischen.

Tipps:

- Wer keinen Mixer besitzt, kann auch alle Zutaten für das Pesto fein hacken und gut verrühren. Dabei das Öl nicht auf einmal zugeben, sondern in dünnem Strahl nach und nach einlaufen lassen.
- Mit anderen Kräutern statt Basilikum (z. B. Petersilie) entsteht eine neue Geschmacksvariante.
- Das Pesto hält sich gut verschlossen im Kühlschrank mehrere Wochen. Darauf achten, dass es immer gut mit Öl bedeckt ist.

Nudeln griechische Art

Für 4 Personen:

- 150 g Frühstücksspeck (Bacon)
- etwas Bohnenkraut
- 2 Knoblauchzehen
- 1 TL Öl
- 1 l Fleisch- oder Gemüsebrühe
  (nach dem Grundrezept in diesem Buch)
- 400 g grüne Bohnen
- 500 g Bandnudeln
- 200 g Schafskäse

Speck in Streifen schneiden. Das Bohnenkraut von den Stielen zupfen und die Blättchen fein hacken. Knoblauch schälen und durch die Presse drücken. Zusammen mit dem Knoblauch in heißem Öl andünsten. Brühe zugeben und zum Kochen bringen.

Bohnen putzen und in mundgerechte Stücke schneiden. In die Brühe geben und etwa 5 Minuten kochen lassen. Dann Nudeln ebenfalls zugeben und weiterkochen, bis die Nudeln und Bohnen weich sind. Durch ein Sieb abgießen, die Nudel-Gemüse-Mischung in eine Schüssel geben und etwas abkühlen lassen.

Schafskäse in Würfel schneiden und unterheben.

Das Gericht lauwarm servieren.

Desserts & Süßspeisen

Erdbeer-Kaltschale

Erfrischendes für heiße Tage!

Für 4 Personen:

- 500 g Erdbeeren
- 2 Becher (à 500 g) Dickmilch
- 1/4 l Milch
- 100 g Zucker
- 1 Schuss Zitronensaft
- 6 Scheiben Zwieback
- Minzblätter oder Zitronenmelisse zum Garnieren

Die Erdbeeren vom Stiel befreien, waschen und in einem Sieb gut abtropfen lassen. Die Hälfte davon mit dem Stabmixer pürieren, den Rest in Stücke schneiden.

Das Erdbeerpüree mit Dickmilch, Milch, Zucker und Zitronensaft verrühren, bis sich der Zucker gut aufgelöst hat.

Zwiebackscheiben zerbröseln und mit den Erdbeerstücken unterheben.

In Dessertschalen oder tiefe Teller verteilen und mit Minzblättern oder Zitronenmelisse garnieren.

Grießdessert

Für 4 Personen:

- 1 Päckchen Grießbrei (für 500 ml Milch)
- 500 ml Milch
- 1 Becher Sahne
- 350 g Himbeeren (Tiefkühlregal)
- 1 Schuss Zitronensaft
- Minzblätter oder Zitronenmelisse zum Garnieren

Grießbrei mit Milch nach Packungsanweisung kochen und etwas abkühlen lassen. Sahne steif schlagen und unter den Grießbrei rühren. Aufgetaute Himbeeren erwärmen und mit Zitronensaft vermischen. Heiß zum Grießbrei servieren.

Süßer Becher mit Früchten

Für 4 Personen:

- 1 Päckchen Grießbrei (für 500 ml Milch)
- 500 ml Milch
- 200 g Erdbeeren oder Himbeeren
- 30 g Cornflakes
- 30 g weiße Schokolade

Grießbrei mit Milch nach Packungsanweisung kochen und etwas abkühlen lassen. Beeren putzen, waschen, ein paar zur Seite legen, den Rest pürieren. Grießbrei, Fruchtpüree und Cornflakes abwechselnd in hohe Gläser schichten. Schokolade raspeln und darüberstreuen.

Mit den zurückgelassenen Beeren verzieren.

Schwarzwälder im Glas

Für 4 Personen:

- 300 ml Milch
- 5 EL Zucker
- 3 EL Vanillepuddingpulver
- 300 ml Schlagsahne
- 200 g Kirschen (aus dem Glas)
- etwas dunkler Biskuitboden oder Löffelbiskuits
- 2 EL geraspelte dunkle Schokolade

Von der Milch 5 EL abnehmen und mit Puddingpulver und 2 EL Zucker glatt rühren. Die restliche Milch aufkochen, dann den Topf vom Herd nehmen, das angerührte Puddingpulver unter ständigem Rühren mit dem Schneebesen zugeben, wieder auf den Herd stellen und bei kleiner Hitze einmal aufkochen lassen. Dabei ständig weiterrühren! Wenn der Pudding gebunden hat, vom Herd nehmen und abkühlen lassen, dabei öfter umrühren, damit der Pudding keine Haut bildet. Die Sahne steif schlagen und unter den abgekühlten Pudding heben.

Die Kirschen in einem Sieb abtropfen lassen und ohne Saft mit 3 EL Zucker aufkochen. Unter häufigem Rühren 6 Minuten köcheln und dann abkühlen lassen.

Den Biskuitboden bzw. die Löffelbiskuits zerbröseln und jeweils etwa zwei Finger hoch in 4 Dessertgläser geben. Erst die Hälfte der Puddingsahne und dann die Kirschen darauf verteilen. Zum Schluss noch einmal mit einer Schicht aus der restlichen Puddingsahne bedecken.
Bis zum Servieren in den Kühlschrank stellen und dann noch mit geraspelter Schokolade bestreuen.

Die abgekühlten Kirschen können auch mit etwas Kirschwasser aromatisiert werden.

Pudding mit Mandeln

Für 4 Personen:

- 500 ml Milch
- 1 Päckchen Vanillepuddingpulver
- 100 g Zucker
- 3-4 Tropfen Bittermandelaroma
- 1 Schuss Zitronensaft
- 100 g gehackte Mandeln

Von der Milch 6 EL abnehmen und mit Puddingpulver und der Hälfte des Zuckers glatt rühren. Die restliche Milch aufkochen, dann den Topf vom Herd nehmen, das angerührte Puddingpulver unter ständigem Rühren mit dem Schneebesen zugeben, wieder auf den Herd stellen und bei kleiner Hitze einmal aufkochen lassen. Dabei ständig weiterrühren! Wenn der Pudding gebunden hat, vom Herd nehmen, Bittermandelaroma unterrühren und etwas abkühlen lassen.

Den restlichen Zucker mit den Mandeln in einer beschichteten Pfanne langsam erhitzen und unter ständigem Rühren goldgelb bräunen. Unter den Pudding rühren, in Portionsschälchen füllen und abkühlen lassen.

Apfelküchlein

Für 4 Personen:

- 6 mittelgroße Äpfel
- Zitronensaft
- 2 Eier
- 1 Prise Salz
- 200 g Mehl
- 4 EL Zucker
- 2 EL geschmacksneutrales Öl
  (z. B. Sonnenblumenöl)
- ca. 200 ml Milch

Zum Ausbacken:
- geschmacksneutrales Öl

Zum Bestreuen:
- 4 EL Zucker
- 1 TL Zimt

Die Äpfel schälen, vom Kernhaus befreien und in Scheiben schneiden. Mit etwas Zitronensaft beträufeln und eine halbe Stunde ziehen lassen. Eier trennen und das Eiweiß mit Salz zu steifem Schnee schlagen.

Mehl, Eigelb, Zucker, Öl und so viel Milch verrühren, dass ein dicker Eierkuchenteig entsteht. Den Eischnee vorsichtig unterheben.

Die Apfelscheiben im Teig wenden und in einer Pfanne mit heißem Öl auf beiden Seiten hellbraun ausbacken.
Zimt und Zucker mischen und die fertigen Apfelküchlein damit bestreuen.
Dazu Vanillesoße reichen.

Kaiserschmarrn

Für 4 Personen:

* 4 Eier
* 1 Prise Salz
* 130 g Mehl
* 200 ml Milch
* 4 EL Zucker
* 40 g Butter
* Puderzucker zum Bestäuben

Eier trennen und das Eiweiß mit einer Prise Salz steif schlagen.
Mehl sieben und mit der Milch glatt rühren. Zucker und die Eigelbe unterrühren, zuletzt den Eischnee unterheben.

Butter in einer großen Pfanne oder 2 kleineren Pfannen schmelzen und den Teig in die große Pfanne oder je zur Hälfte in die kleineren Pfannen geben.
Die Temperatur reduzieren und die Pfannen mit einem Deckel verschließen.

Nach etwa 7 Minuten den Schmarrn umdrehen und von der anderen Seite goldgelb backen. Anschließend mit einem Pfannenwender in grobe Stücke zerteilen.
Auf Tellern anrichten und mit Puderzucker bestäuben.

Mit Kompott servieren.

Rezeptregister

Guten Appetit!

Für eigene Rezepte und Notizen

Mehr Koch- und Backbücher von Friedericke Godel

Friedericke Godels kulinarischen Bücherseite heißt Sie herzlich willkommen:

- Rezepte der regionalen badische Küche.
- Gutes aus dem nahen Elsass.
- Leckere Kuchen und Köstlichkeiten
- Ein weiteres Thema ist preiswert, schnell, gesund und gut.
- Und zu guter Letzt geht es auch um selbstgemachte Präsente und Geschenke.

Außerdem gibt es zahlreiche kleine Themenhefte, die als E-Book erschienen sind und sich jeweils einem Schwerpunkt zuwenden.

Ausführliche Informationen Links und ein Blog:

https://friederickegodel.friedericke-design.de/

Handarbeitsbücher

Bücherseite rund ums Stricken und Häkeln.

- Bücher
- Themenhefte
- Strick - und Häkelkurse
- Anleitungen
- Modelle

Viele Tipps und Informationen.

https://emilieweber.friedericke-design.de/

Romanhefte fürs Herz

Was gibt es Schöneres, als sich zurückzulehnen und für eine Heftlänge in die Welt der Romantik, der Liebe und der Gefühle abzutauchen?

Wer das liebt, wird hier fündig: Gefühlvolle Romanhefte:

https://emilieweber.friedericke-design.de/category/buecher/romanhefte

Der Traum ihres Lebens

Sie kämpfte um ihr Geschäft und fand ihre große Liebe

Durch eine kleine Erbschaft kann sich Juliane einen großen Traum erfüllen: Sie kündigt bei ihrem Arbeitgeber und richtet sich mit Hilfe ihrer Freundin Andrea einen kleinen Laden in Freiburg ein. In der dazugehörenden Küche fertigt sie Pralinen, Schokoladenträume, eingelegte Früchte und viele süße Köstlichkeiten.